資格を
ビジネスに変える
実践テクニック

ファイナンシャル・プランナー

FP

特定非営利活動法人
JCPFP[編著]

のための
失敗しない
独立開業
プラン

JN118985

言視舎

はじめに

　人生1000年時代！！　100年という長い歳月を、安心して快適に過ごすために3つの"健康"が必要といわれています。1つ目は「身体の健康」、2つ目は「心の健康」、そして3つ目は「経済の健康」です。

　「経済の健康」とは、生活していく上で欠かせない資金を、常に健全な状態に保ち、金銭面で安心・安全な家計を実現することです。そのために、ファイナンシャル・プランニング＝資金計画が重要な役割を果たしてくれます。

　年金不足問題など、ここ数年、国民生活を取り巻く経済的な環境は大きく変化し、ファイナンシャル・プランニングに対する国民のニーズが急速に拡大しております。そして、多くの金融機関でファイナンシャル・プランナー（以下ＦＰ）が活躍する場面が増えてきました。

　しかし、金融機関に属するＦＰは、職務上、自社の金融商品やサービスを扱わなければならない制約があって、顧客にとって最適なアドバイスや提案が行なえないというジレンマを抱えています。

　そこで、こうした制約にとらわれない独立系（金融機関に属さない）ＦＰの登場と活躍が期待されているのですが、残念ながら現状では、確固としたビジネスモデルは存在せず、プロフェッショナルとして活動しているＦＰの数はそれほど多くありません。

　こうした状況を踏まえ、独立開業（副業を含む）を目指す多くのＦＰ技能士が顧客に対して、高度で信頼される業務が提供できるように、プロフェッショナルなＦＰが実際に行なった相談や作成した提案書などの実例に基づいて、ビジネスの現場ですぐに役立つ手法やノウハウについて、具体的に分かりやすくまとめてみました。

　独立系ＦＰとして、明日のプロフェッショナルを目指すＦＰ技能士の皆様方の「ビジネス実践書」として、本書をご活用いただければ幸いです。

著者代表　日本ＦＰ学会顧問

田中　和男

目次

序

　1986年に日本で初めて「ＦＰ養成講座」（ダイヤモンド社主催）が開催されてから34年を経たいま、日本ＦＰ協会の会員となっているＦＰ資格者は18万人を超えています（ＣＦＰ®認定者約23,000人、ＡＦＰ認定者約161,000人、2020年6月現在）。さらに、合格後の資格維持規定のないファイナンシャル・プランニング技能検定については、ＡＦＰ資格の認定要件の1つである2級に毎年5万人前後の人が合格しています。

　その割に、街の中に「ＦＰ事務所」の看板を見かけることはほとんどありません。業界団体に登録して営業している弁護士が約4万人、税理士は約7万8,000人ですが、いたるところで事務所の看板が目に入ってきます。この事実は、ＦＰの資格を取得する人は多くても、実際に資格を活かして仕事をしている人が非常に少ないということを物語っています。

　もっとも、ＦＰの場合は、実際の事務所を構えずシェアオフィスに住所を登録し、営業活動はホームページ等のインターネットを活用して行なっている人が少なくありません。地名とＦＰで検索するとたくさんのファイナンシャル・プランナーがリストアップされてきます。

　しかし、ＦＰを名乗っていても、実際には保険の乗合代理店に所属していて保険のコミッションで生計を立てている人もいます。本当にお客様の立場に立って相談を受けている独立系ＦＰは非常に少ないのが実情です。

　一方で、人生にまつわるお金に関して、金融機関とは違う第三者的なアドバイスを求めたいというニーズは年々高まっています。振り返ってみると、「ＦＰ」や「ファイナンシャル・プランニング」が一般に知られるようになり、ＦＰ資格者が増えたのは、1990年代のバブル崩壊後、金融機関が一斉に営業職員にＦＰ資格を取得させる方針をとったからでした。金融機関の力で資格としてのＦＰは日本に定着しました。そしていま、資格としてのＦＰではなく、個人のお金の相談を受けてくれる存在としてのＦＰがようやく注目されようとしているのです。

金融庁・市場ワーキンググループの報告書（2019年）にみる政策上のニーズ

　2019年6月、金融庁 金融審議会 市場ワーキンググループの報告書がきっかけで「老後資金2,000万円不足問題」が世間の注目を集めました。公的年金だけでは老後の生活資金が2,000万円足りないというのです。老後資金が公的年金だけで十分賄えると考えていた人は少ないと思いますが、2,000万円という具体的な数字が提示されたことは衝撃的でした。

　2,000万円という数字はどこからきたのでしょうか。総務省の全国消費実態調査によると、無職の高齢夫婦の収支では毎月約5万円の赤字が出ており、不足額は貯蓄から補填していると思われます。人生100年時代を踏まえると、いわゆる定年退職後、30～40年の時間があります。「5万円×12カ月」で年間の不足額は約60万円、30年あまり続くとすると、赤字の総額は約2,000万円になる、つまり2,000万円程度が必要だというわけです（26頁参照）。

　個人個人で状況は違いますから、2,000万円も要らない人もいるでしょうし、さらに多額の補填が必要な人もいるはずです。2,000万円という数字が独り歩きしてしまいましたが、大事なのは2,000万円という数字ではありません。報告書は、「老後にかかるお金は想像以上に大きい、公的年金だけでは老後に満足な生活は送れないから、若いうちから自分に合った備えをして寿命に応じて資産寿命を延ばなさい」と伝えたかったのです。

　この報告書の炎上で老後に対する危機感が高まったことは、ファイナンシャル・プランナーにとっては思いがけない追い風となりました。30代、40代の相談というと、これまでは生命保険の見直しか、住宅ローン関連の一過性の相談が多かったのですが、老後資金づくりまで含めて長期的なライフプランを相談したいというニーズが確実に増えています。

　さらに、報告書には、これからの高齢社会においてはファイナンシャル・プランナーが必要だと明記されています。個人が自分に必要な資産形成・資産管理を行なっていくためには、「顧客の最善の利益を追求する立場に立って、顧客のライフステージに応じ、マネープランの策定などの総合的なアドバイスを提供できるアドバイザー」が強く求められるというのです。その候補として、「投資助言・代理業、金融商品仲介業、保険代理店やファイナンシャル・プランナー（注）など」が挙げられていますが、報告書の定義に合

注）報告書は「フィナンシャル・プランナーと表記」

う存在といえば、ファイナンシャル・プランナーしかありません。

　また、報告書は、個人の金融リテラシーの向上も課題だと指摘しています。金融知識の啓蒙、金融教育もファイナンシャル・プランナーの仕事です。現に、学校、職場、地域コミュニティなどの場所で、様々な年代の人を対象として公正な視点で金融教育を行なっています。

　このように、名称はさておき、ファイナンシャル・プランナーの本来の役割を担うべきアドバイザーがこれからの高齢社会で必要であると金融庁が認めています。日本の政策においても、商品販売に付随したアドバイスをする人ではなく、顧客の側に立ったファイナンシャル・プランニングを行ない、そのファイナンシャル・プランに基づいた具体的な資産形成・資産管理のアドバイザーが求められているのです。

少子高齢化社会の進展に対応できる存在としてのＦＰへの期待

　少子高齢化の進展については、「資産寿命を延ばす」こと以外にも様々な社会の対応が求められています。

　第一に「2025年問題」と言われる介護の問題があります。2025年に団塊の世代が75歳を迎え、医療・介護が必要な年齢の人口が増大するのです。75歳人口が約2,200万人に達し、およそ国民の4人に1人という状況になることが予想されています。平均寿命は男性81歳、女性87歳まで伸びているものの、健康寿命は75歳前後と言われています。医療・介護保険の金銭的な負担はもちろん、高齢者の生活を支えるマンパワーの面でも対応できるのか非常に不安視されています。

　ただし、高度成長期を生きてきた"総中流"と言われた団塊の世代の人たちには、高齢になっても個人資産に余裕のある人もいます。価値観の面でも、子どもに頼るよりも自分のことは自分で決めたいという考え方の人が多いように思います。元気な今のうちに今後のライフプランを考え、自ら施設への住み替えや資金の段取りをつけておくことができれば、かなり社会的な負担を減らすことができるでしょう。そこで、最もふさわしい相談相手となれるのがファイナンシャル・プランナーだと思います。

　第二に、空き家の問題があります。核家族化が進んだ中で人口が減少する

と、家が余ってくるのは当然予想されることです。既に、相続した実家を放置するなど空き家が増えており、社会問題になっています。国土交通省が旗振り役で各自治体が空き家対策に取り組んでいますが、既に空き家になった家をどう処分するかという事後の対応です。その点、ファイナンシャル・プランナーなら、相談の中で空き家をつくらないよう未然の対策を実行することができます。空き家は収入を生まないのに維持費用がかかるだけでなく、放火されるなどのリスクもあり、ファイナンシャル・プランニング上は決して放置してはおけません。売却して現金化する、賃貸にするなどファイナンシャル・プランナーは何らかの処分を提案します。

　住宅コンサルティングの専門会社であるネクスト・アイズ株式会社は、3年連続で東京都の「空き家利活用等普及啓発・相談事業」の事業者に選定され、埼玉県ではＦＰサロンさいたま新都心がそのサテライトオフィスとして活動しています。

新型コロナウイルスの流行で社会変革の流れが加速

　2020年に入って、新型コロナウイルスのパンデミックという思いがけない事態が起こりました。感染拡大防止のため、店舗の無人化やオンライン対応、キャッシュレス化など未来社会のキーワードとされていたことが急速に現実のものになりつつあります。働き方改革が叫ばれてもなかなか進まなかったテレワーク導入も一気に広まりました。

　すべて生産性の向上につながるとされ、将来の課題といわれていたことです。反面、人と接する機会は減る一方で、私たちは常に機械を相手にしているような状況になっています。ここで逆に、親身になって話を聴いてくれ、手伝ってくれるファイナンシャル・プランナーの存在価値が認められてくるのではないでしょうか。

　銀行では来店者を減らしインターネット対応を強化する方針に拍車がかかりました。窓口対応を減らされると、インターネットに慣れていない高齢者にとっては非常に不便になります。今はインターネットを使いこなしている50〜60代の人も、歳を重ねるとだんだん新しいシステムやツールに対応しきれなくなることも考えられます。手続きはネットで済ませるとしても、従

来、支店で聞いていたようなちょっとした質問やアドバイスの機会がなくなります。

　証券会社では既に、ネット取引のみか、支店での対応を求めるかで異なる手数料体系を採用しています。人間が対応してくれることにお金を払う時代になったといえるでしょう。

　日本で独立系ファイナンシャル・プランナーが増えない理由として、アドバイスにお金を払う土壌がないからと言われてきましたが、これからは状況が変わりそうです。金融商品についてのアドバイスはもちろん、必要な手続きを教えてくれるなど様々な不便を補う存在としても、ファイナンシャル・プランナーへのニーズは増えていくことが予想されます。

　このように、政策的なニーズからも、変化する社会に生きている人々のニーズからも、相談を受けてくれる身近な存在としてファイナンシャル・プ

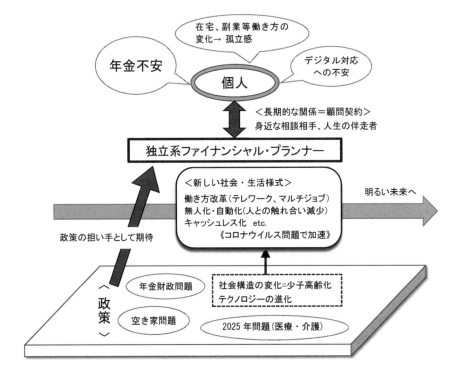

ランナーが求められています。これから本書で紹介する事例からも理解していただけると思いますが、独立ＦＰはビジネスのやり方を確立できれば、お客様に感謝され、しっかり収益も得られる素晴らしい職業です。ぜひ独立ＦＰを目指し、ともに日本の独立ＦＰ業界を活気あるものとし、その中で活躍されることを願っております。

第1章

ＦＰの現在

田中 和男（たなか かずお）

日本ＦＰ学会 顧問、ＮＰＯ法人ＪＣＰＦＰ 顧問
元日本ＦＰ協会常務理事・事務局長。
1971 年、学習院大学経済学部卒業。経済関係の新聞
社を経て、1987 年、日本ＦＰ協会（現在のＮＰＯ法
人日本ＦＰ協会）の設立に参加。規約や規程類の整備、
会員制度並びにＦＰ教育・資格制度の確立、米国のＣ
ＦＰボード（資格認定機関）とのＣＦＰ®制度のわが
国への導入についての交渉及び業務提携契約締結など
協会運営業務に携わる。2004 年、厚生労働省のＦＰ
技能検定制度の創設に尽力。

ＦＰとは何か

ＦＰの定義

　"ＦＰ"とは、「Financial Planning」あるいは「Financial Planner」の略語で、会話や文章のなかで、「ＦＰの勉強をする」という場合は「ファイナンシャル・プランニング」のことであり、「ＦＰからアドバイスを受ける」となると「ファイナンシャル・プランナー」の意味に使い分けられます。

　ファイナンシャル・プランニングとは、「顧客の家族状況をはじめ、収入・支出の内容、資産、負債、保険など、顧客に関するあらゆるデータを集め、夢や希望を聞いて、現状を分析し、それに基づいて顧客のライフプラン上の目標を達成するために、貯蓄や投資方針、税金対策、保険・保障対策などトータルな顧客の資金計画を作成し、併せてその実行を援助すること」です。

　もう少し簡単にいえば、「それぞれ事情の異なる個々人のライフプランに合わせて、包括的な資金計画を作成し、併せてその実行を援助すること」になります。

　一方、ファイナンシャル・プランナー（ＦＰ）とは、このファイナンシャル・プランニングを行なう専門家であり、必要に応じて弁護士、税理士、金融・不動産などの専門家と協力しながら、包括的な資産のプランニングを行ない、その実行の手助けをする役割を担います。

２つの重要なポイント

　ファイナンシャル・プランニングの概念を理解する上で重要なポイントが２つあります。

　１つは、「最初にライフプランありき」ということです。プランニングはあくまでも顧客一人ひとりのライフプラン上の目標や夢を達成するために行なわれるという点です。

　ＦＰに要求される技能のほとんどは、顧客が生涯の目標を見出す助力となるべきものであり、まず第１にそうした目標が顧客の保有する財政的資源の

活用によって可能なものかどうか、そして、可能ならばいかにして成し遂げられるかを、顧客とともに決定するところから始まる、ということになります。

　もう1つの重要なポイントは、「包括的なアプローチをとる」ということです。顧客のライフプラン上の目標を達成するためには、金融商品、株式、保険、不動産、税金、年金、ローンなどに関する幅広い知識はもとより金融や経済に関する知識も要求されます。

　ＦＰは、これら全てのことに注意をはらい、顧客にとって最適・最善と思われるプランを提示しなくてはなりません。このような包括的なアプローチこそが、ＦＰを他の専門家、すなわち弁護士、税理士、金融・不動産の専門家など、ある特定の分野に特化した専門家たちと区別するものなのです。

プランニングの実務

　ファイナンシャル・プランニングの目的は、顧客一人ひとりのライフプラン上の目標あるいは夢を実現させることにあります。ひと口に"夢"といっても、顧客によって千差万別です。例えば、「子どもによい教育を受けさせたい」「住宅を取得したい」「安心して老後生活を送りたい」「子どもに財産を残したい」などさまざまです。

　これらの夢を夢で終わらせず、現実のものとするためには、必ず資金的な裏付けが必要になります。また、突然の不幸や災害などのリスクも考慮しなければなりません。

　ＦＰは、これらのリスクを考慮した上で、顧客の夢を実現できるように、包括的な資産設計を行ないます。具体的には、次の6つのステップを踏んだプランニングです（日本ＦＰ協会の「ライセンスガイド」より）。

　1）顧客との関係確立とその明確化

　2）顧客データの収集と目標の明確化

　3）顧客のファイナンス状態の分析と評価

　4）ファイナンシャル・プランの検討・作成と提示

　5）ファイナンシャル・プランの実行援助

　6）ファイナンシャル・プランの定期的見直し

　このプランニングの過程で、顧客は自分自身の現状を正確に把握できるようになると同時に、ライフプラン上の夢や希望を、「いつまでにいくら」といった具体的な数値上の目標として確認できるようになります。つまり、プランニングする前と比べて、自分自身の現在と将来が、明確に見えてくるわけです。

　また、自分では気が付かなかったリスクや問題点も把握できるようになります。そして、これらのリスクや問題点をクリアし、なおかつ自分自身の目標を達成するためにはどのようにすればよいのか、という具体的な方策を知ることができます。

　さらに将来、事情が変わったり、環境が変化したりした場合には、自分自身の財政上の問題点をよく把握しているＦＰから適切なアドバイスを継続的に受けることができます。まさに顧客は、“マネーのホームドクター”を得ることができるのです。

　これらのプランニングの過程を通じて、顧客は単にライフプラン上の目標がかなえられるだけではなく、安心して日々の生活を送ることができるようになります。一方、ＦＰも単にフィーやコミッションといった報酬が得られるだけでなく、真に顧客のために貢献できたという大きな喜びを得ることができます。

　ちなみに、前述したフィーとは、報酬、謝礼、料金などのことを意味しますが、ファイナンシャル・プランニングでは、プラン作成料や相談料など顧客から直接受け取る報酬のことをいいます。また、コミッションとは、委託業務に対する手数料を意味しますが、ファイナンシャル・プランニングでは一般的に商品を仲介することによって金融機関など販売元から受け取る手数料（募集・仲介・紹介手数料など）のことをいいます。

プランニングの対象領域

　ＦＰの役割は、究極的に「顧客のライフプランに始まり、ライフプランに終わる」といわれています。つまり、投資アドバイスや金融商品の紹介、節税などの部分的な機能だけをみるのでは、かえってＦＰの存在意義は薄れてしまいます。あくまでも人生のパートナーとして顧客のライフステージに合

わせた包括的なアドバイスができなくてはならないし、まさにファイナンシャル・プランニングの真骨頂はそこにあるといえます。

　FPは、顧客のライフステージの状況を正しく把握し、ニーズを的確に反映したプランを考え、提案・支援していかなくてはなりません。ライフステージに基づくファイナンシャル・プランニングの対象領域は広いのですが、主なものをあげると次のようになります。

1）キャッシュフローの分析

　キャッシュフロー表の作成と分析。つまり資金の流れを把握することとその計画・管理。

2）投資プランニング

　適正な利益を求めるためにどのような投資を行なうべきか。またリスク回避のための投資をどう行なうか。ポートフォリオ（分散投資）の設計、資産の変化に応じた投資配分の変更、経済動向に応じたポートフォリオの組み換え・管理。

3）リスク管理

　計画通りの運用が困難になった場合にどうするのか。万が一の事故、病気、災害など対応しておかなければならないリスクについての保険などの活用と管理。

4）教育資金設計

　子どもの成長に合わせて、必要な教育資金を手当てするための設計。

5）住宅資金設計

　住宅を取得するために必要な資金を手当てするための設計。

6）リタイアメントプランニング

　定年退職、引退に備えて、どのような形で職を離れるべきか。また、その後の生活をどうするか。

7）相続設計

　資産、財産、事業を親族に引き継ぐためにどのような形にしておくべきか。分与、贈与などの方法と損失を最小限にする方法を考えます。

8）タックスプランニング

　とくに多様な事業を展開している人や、土地などの資産を保有している

人などは、税金対策を慎重に行なう必要があります。また、税制は頻繁に改正されるため、最新情報に基づいて設計を修正していかなければなりません。

プランニング・ニーズの高まり

金融庁は2019年6月、人生100年時代に向け、長い老後を暮らすための蓄えにあたる「資産寿命」をどう延ばすか、初の指針案をまとめました。そのなかで、「現役期」「退職前後」「高齢期」の3つの時期ごとに、資産寿命の延ばし方の心構えを指摘しています。そして、政府は年金など「公助」の限界を認め、国民に「自助」を呼びかける内容になっています。

年金不足2,000万円問題も含め、高齢化社会における資産管理が国民の喫緊の課題になってきました。多くの国民が、「自分の老後資金はどのようにしたらよいだろうか」「より有利な資産運用方法があるのではないだろうか」「病気や事故にあったとき家族は安心して暮らせるだろうか」「相続や資産承継を円滑に行なうことができるだろうか」などといった資産管理に関する悩みを持つようになりました。

しかし、金融商品や資産運用の多様化、保険や年金制度、税制の複雑さなどの理由から、これらの問題に対する解決策を、個々の国民が自力で考え出すことは極めて難しいのが実情です。そこで、これらの問題に対して、トータルに対応するファイナンシャル・プランニングのニーズが急速に高まっているのです。

いよいよＦＰが本格的に活躍する環境が整ってきました。まさに今、意欲のある多数の独立系ＦＰの登場が待たれています。

ファイナンシャル・プランニングの歴史

ＦＰの始まり

　銀行、保険、証券、不動産などの金融機関の営業系社員のほとんどがＦＰ資格を保有する時代になりました。また、ＦＰ事業者はもちろん、税理士、公認会計士、中小企業診断士、社会保険労務士など、士業の方でＦＰという資格を活用している方が数万人も活躍しています。まさに、ＦＰはマネー・ライフプランの世界で、その必要性が認識され、社会的な役割や機能が欠かせない存在になっています。

　ＦＰの歴史をたどると、ＦＰは1960年代に米国で誕生し、日本に波及してきたのは1980年代になってからです。1969年に13人のＦＰがシカゴに集結し、ＩＡＦＰ（International Association for Financial Planning ＝現在のFinancial Planning Association）を設立したのが、米国のＦＰ業界づくりの始まりといわれています。

　当時の米国では、まだＦＰの概念や教育体制が確立されておらず、知識のない自称ＦＰも多く、詐欺的行為をする悪質ＦＰが社会問題になっていました。つまりＦＰは玉石混交の状態でした。それでは国民からの信頼は得られない、ビジネスとして発展できないということで、業界団体を設立し、ＦＰとしての（1）専門知識の提供（2）教育の体系化（3）業務基準及び倫理基準の制定（4）実務家ＦＰの組織化、に取り組むことにしたのです。

　そして、3年後の1972年にＦＰ教育の専門機関としてCollege for Financial Planning（ＦＰ単科大学）が開校されました。当初、同校が卒業生にＦＰのライセンスとしてＣＦＰ®（CERTIFIED FINANCIAL PLANNER）資格の認定を行なっていましたが、同年に設立されたＩＣＦＰ（Institute of Certified Financial Planners ＝現在はＦＰＡと統合）がＣＦＰ資格の資格認定機関となり、その後、ＣＦＰ資格保有者の活動を支援する組織づくりが進められました。

　米国では、これらの組織が中心となって70年代にＦＰ業界の基礎がつく

られ、ニュービジネスとして急成長を遂げていきました。とくに、ＩＡＦＰには、ＦＰが利用するツールやサービスを提供する企業や団体も会員として参加し、米国のＦＰ業界づくりに大きく貢献していくことになりました。

日本への波及

　米国で始まったＦＰの潮流が日本に波及してきたのは、80年代です。そのきっかけを作ったのは、国際証券（現三菱ＵＦＪモルガン・スタンレー証券）の前身である野村證券投資信託販売会社といわれています。同社は1976年5月に米国で開催された全米ＩＣＩ（Investment Company Institute）の大会に参加し、そこで「投資商品の販売手段としてのＦＰ」をテーマとする講演を聞いて、さっそく販売戦略にＦＰの手法を導入することにしました。

　1981年に同社を含む3社が合併し誕生した国際証券は、この考え方をさらに推し進め、「ＦＰの国際証券」とする企業アイデンティティーを打ち出しました。そして1985年4月には、同社がホストになって、ＩＡＦＰの年次大会が京都グランドホテルで盛大に開催されました。米国のＦＰ関係者も約230人が参加し、わが国初の国際規模のＦＰコンベンションになりました。

　この頃、日本ではＦＰというより業態別に専門の相談員を養成する傾向が強まりました。1976年に第一勧業銀行がマネー・アドバイザーとして行員の研修を開始し、資産運用部門に進出したのに続いて、住友信託銀行なども個人の財務全般にわたる資産運用を担う財務アドバイザーの養成に着手しました。

　80年代から本格的に波及した金融機関におけるＦＰ教育は、あくまでも社内での人材育成が主目的であり、今日のような専門の業務としてＦＰが確立されるのは、97年のビッグバン以降ということになります。

ＦＰの教育と資格制度

　ＦＰの教育ということでは、1985年に金融関連出版社の近代セールス社がＦＰ関連の教育事業部として社内に「近代ＦＰ協会」を設置し、金融マンを対象とするＦＰ通信教育やＦＰツールの販売を開始しました。次に、経済

雑誌出版社のダイヤモンド社が社会人を対象としたダイヤモンド・ビジネス・スクールの中で、86年から「ダイヤモンドFP養成ゼミナール」を開講し、FP教育に進出しました。続いて、金融情報機関の社団法人金融財政事情研究会が88年にFP関連事業部として「金財FPセンター」を設置し、厚生労働省の技能審査制度と連動させる形でFP教育に着手しています。

　80年代後半からFP教育が本格化し、何らかのFP資格を持つFP資格保有者が次第に数を増やしていきましたが、そうした中で、87年11月にわが国唯一のFP会員組織として日本FP（ファイナンシャル・プランナーズ）協会が誕生し、今日のFP業界形成の礎が築かれることになりました。

　日本FP協会は、米国のFP会員組織であるIAFPをモデルに設立されたもので、設立当初はダイヤモンド社が展開する「ダイヤモンドFP養成ゼミナール」の修了者を中心に136人（現在は約20万人）の会員でスタートしています。翌88年には、IAFPと相互協力機関として友好団体契約に調印し、その後、年1回米国で開催されるIAFPの年次大会に研修視察団を派遣し、交流を深めてきました。

　そして90年から、CFP資格の資格認定機関としてICFPから独立したCFPボードと、日本へのCFP資格制度の導入についての交渉を開始しました。その後、2年間の交渉期間を経て、92年5月に東京で、両組織によるCFP制度導入に関する業務提携契約書の調印式が挙行されました。翌93年の5月30日と6月6日の両日にかけて、第1回目のCFP資格審査試験が東京と大阪で実施され、わが国初のCFP認定者231人（受験者数：807人）が誕生しています。

　日本FP協会は、CFPを上級資格のとして導入したのにともない、それまでのFP普通資格をAFP（AFFILIATED FINANCIAL PLANNER）と改称し、CFPとAFPの2レベルのFP資格制度を確立しました。これにより、日本のFP教育及びFP業界が飛躍的に成長・発展する基盤が固められました。

FP技能士の誕生

　日本FP協会がFP資格制度を確立したのに続いて、金融財政事情研究会

（金財）も厚生労働省の金融技能審査制度と連動させる形で、金財ＦＰ１級、同２級、同３級の３段階のＦＰ資格制度を創設しました。ただ、両組織の資格制度は受験資格や資格取得要件が異なっていて、日本ＦＰ協会は資格取得に際し、一定の教育や試験、経験、倫理などを義務付けているのに対し、金財は経験要件と試験だけで、独学でも試験に受かれば資格がとれる仕組みになっていました。

　また、大きく異なるのは、資格の取得後で、日本ＦＰ協会のＣＦＰ、ＡＦＰは２年ごとの資格更新制度を設けて、２年間に一定時間の継続教育を受講しないと資格の更新ができません。これに対し、厚生労働省の技能審査制度と連動する金財ＦＰは、永久資格で特に資格更新制度は設けられていません。

　日本のＦＰ教育とＦＰ資格制度は、大きく日本ＦＰ協会と金財の２つの系統に分かれていましたが、2004年６月に厚生労働省が技能検定制度を拡充（技能審査制度を廃止）し、新たにＦＰ技能士を技能検定職種に追加したことに伴い２系統のＦＰ資格制度がにわかに一元化されることになりました。

　その結果、金財ＦＰはなくなり、それまでの金財ＦＰ１級、同２級、同３級はすべて国家検定の１級ＦＰ技能士、２級ＦＰ技能士、３級ＦＰ技能士に移行しました。また、日本ＦＰ協会のＣＦＰには１級ＦＰ技能士、ＡＦＰには２級ＦＰ技能士の資格付与が認められ、国家検定と民間資格のダブルライセンス保有者ということになりました。

　現在、ＦＰ技能検定試験は、日本ＦＰ協会と金財が国の指定試験機関となって年３回実施されていますが、日本ＦＰ協会のＡＦＰ資格審査試験は２級ＦＰ技能士試験（学科と実技）を、また、ＣＦＰ資格審査試験は１級ＦＰ技能士試験の学科試験を兼ねています。

　ＦＰ教育については、現在、ほとんどのビジネススクールでＦＰ講座が開設されているほか、大学教育の場においても開講が進められています。書店のビジネス資格書コーナーには、所狭しとばかりにＦＰのテキストや問題集、受験対策本が並べられています。そして、年間のＦＰ技能士試験受験者数は数十万人といわれ、ＦＰ資格に対する人々の関心は一層の高まりをみせています。

独立系ＦＰの仕事

独立系ＦＰとして開業

　ＦＰとして開業するとき、特に法的な規制や社会的なルールはありません。本人がＦＰとして仕事をしたいと思えば、翌日からでもビジネスを始めることができます。少ない資金で開業したいのであれば、自宅をオフィスとする個人事業者としてスタートすることも可能です。ＦＰ事業の立ち上げは、とくに物的な施設がなくても、「ファイナンシャル・プランナー」と印刷した名刺を作るだけでも開業可能なビジネスなのです。

　しかし、開業しても相談料などの収入を確保できなくてはビジネスになりません。つまり、いかにして顧客を獲得することができるかが、最大の難関になります。まして、顧客がＦＰに対し、個人の財務上の秘密やこれからの人生計画について洗いざらい打ち明けて相談をする、ということは大変な決断を迫ることになります。

　このため、昨日や今日、ＦＰの看板を出したような人のところに相談に来るはずはありません。独立系ＦＰが顧客からいかにして「信用・信頼」されるようになるかが、ＦＰビジネス展開のための最も基本的で、絶対的な条件になります。裏を返せば、顧客からゆるぎない「信用・信頼」を得たとき、ＦＰビジネスは見覚ましい成長、発展を遂げることになります。

顧客の見つけ方

　ＦＰとして独立開業する人の多くは、それまでのキャリアが不動産を含む金融機関出身者もしくは税理士、公認会計士、中小企業診断士、社会保険労務士などいわゆる士業との兼業者が典型となっています。つまり、「信用武装」がある程度備わっていないと、顧客の獲得は難しいといわれています。もちろん、一般企業の財務経験者や他の業種での顧客を持つ営業経験者などもその「信用武装」の条件を満たしているといえます。

　顧客を見つける方法で最も有力なのは、それまでのキャリアの中で面識の

ある人々を対象として自身の開業を告知し、「開業の挨拶と事業の説明をしたい」と一度、面談の機会を得ることです。また、インターネットを活用し、自身のHPを設け、広く告知することは最低限必要なマーケティング活動といえます。

次に、ネットワークの構築になります。FPビジネスは、FP一人だけで展開することはできません。金融機関や弁護士、税理士などの他の分野の専門家とのネットワークは欠かせません。この人材ネットワークのなかで、相互に顧客を紹介し合う体制をつくることができます。また、そうした人材のネットワークとともに、金融商品や生活関連の各種情報を入手できる情報ネットワークの構築も重要な基盤になります。

このほか、日本FP協会やマイアドバイザーなどのFP関連団体や組織に加入し、その組織が提供するFP紹介システムを利用することも効果的です。さらに、余裕があればセミナーや説明会を企画し、DMやマスメディアに広告を出して、見知らぬ顧客との出会いの機会を増やすことも有効な手段になります。

初回面談での心得

FPビジネスは、顧客からの「信用・信頼」を得て「安心」を売るビジネスといわれるほど、「信用・信頼」が大前提になります。しかし、初めて会った人が簡単にFPを「信用・信頼」してくれることはありません。このため、初回面談はその後のFPビジネスにつなげていく上で、極めて重要な場面になります。

初回面談において顧客がFPに対して「この人は信用できそう」と好感を持つのは「人柄」もさることながら、まず「服装」と「態度」といわれています。好印象を与える服装は、「清潔かつ身ぎれいであること」「センスの良いこと」。また、好感を与える態度とは、「明るく、飾らない」「落ち着いた謙虚な振る舞い」といわれています。

次に、大切なのは「接客法」です。この「接客法」のポイントは、FPと顧客が心おきなく話し合えるかどうか。つまり、いかにして顧客の胸の中にあるニーズ（目標・夢など）を余さず聞き出すことができるか、ということ

になります。

　初めて面談をする顧客に対しては、まずゆったりとリラックスしてもらうことが大切です。そして、さりげない会話の中からその顧客の人となりをいち早く把握することが「接客法」の第一歩になります。

　ＦＰの説明は、簡潔・明瞭に行なうようにし、顧客の話す（ＦＰは聞く）時間をなるべく多くとるように心がけます。こうした面談ができれば、顧客の心の中に安心感が芽生え、ＦＰビジネス成功への扉が開かれます。

ファイナンシャル・プランナーが必要とされる時代

　2019年から2020年にかけ、国民にとってさらには世界人類にとっても大変な問題が発生しています。「老後資産2,000万円不足問題」や「新型コロナウィルス問題」は一気に家計の見直しの必要性を高めています。年代を問わず、資産の多寡を問わず、給与所得者、個人事業主を問わず国民がライフプランを作成・実践し、ライフプランを見据えた資産形成に取り組む時代となりました。まさにファイナンシャル・プランナーの出番です。

老後資金2,000万円不足問題の本質

　2019年、大きな話題となった「老後資金2,000万円不足問題」ですが、その出所である金融庁・市場ワーキンググループの報告書をよく読むと、その真意が見えてきます。該当部分を「2,000万円」算出の根拠となった統計データとともに掲載します。

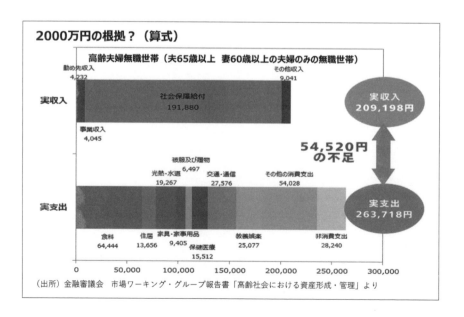

老後資金 2,000万円不足問題 の本質

「（前略）**この金額はあくまで平均の不足額から導き出したものであり、不足額は各々の収入・支出の状況やライフスタイル等によって大きく異なる。**（中略）

　重要なことは、長寿化の進展も踏まえて、年齢別、男女別の平均余命などを参考にしたうえで、老後の生活において公的年金以外で賄わなければいけない金額がどの程度になるか**考えてみる**ことである。

　それを考え始めた時期が現役期であれば、**長期・積立・分散投資による資産形成の検討**を、リタイヤ期前後であれば、自身の就労状況の見込みや保有している金融資産や退職金などを踏まえて後の資産管理をどう行なっていくかなど、**生涯に亘る計画的な長期の資産形成・管理の重要性を認識する**ことが重要である。」

※（出所）金融審議会　市場ワーキング・グループ報告書「高齢社会における資産形成・管理」P21

報告書の真意は、**「高齢化が進む中で老後に備えた資産形成を私達ひとりひとりが真剣に検討する必要がある」**ということ。

　国民一人ひとりが生涯にわたって自分の資産形成・管理をしっかり行なっていかなくてはいけない時代、生涯のパートナーとして顧問ファイナンシャル・プランナーを持つことは非常に心強く、かつ思い描くライフプランの実現に役立つことは間違いありません。

新型コロナウイルス問題の影響

　新型コロナウイルスのパンデミックは世界に衝撃を与えました。未知のウイルス感染症に対して命の危険を感じた人も多いことと思います。「With コロナ」が続いている今では、感染不安に加えて経済面での危機感が大きく広

28

がってきました。

　目指す夢が変わりライフプランを考え直そうという人、収入減などでライフプランの変更を余儀なくされアドバイスを求める人、家計や貯蓄のやり方を見直して不透明感が強まった将来に備えたいという人など、ＦＰに相談に来る人が増えています。

　政府は新型コロナウイルスによって経済的な影響を受けた人に対して様々な支援制度を用意していますが、自分が利用できるものを調べて自ら申請しないことには支援は受けられません。支援制度の利用方法についてＦＰにアドバイスを求めてくる人も少なくありません。

「どこに相談に行ったらいいかわからない」、「誰に聞いたらいいかわからない」という人がＦＰを訪ねています。本来のＦＰ業務ではありませんが、行政の手の届かないところをサポートしていく業務も年々増えてきています。今こそぜひＦＰを活用していただきたいと思います。

【参考】
個人向け（学生向け、事業者向け、地域別は除く）

　新型コロナウイルス感染症によって経済的に影響を受けている人を支援する制度です。

	項目	対象など
1	緊急小口資金 （特例貸付）	休業や失業等によって収入が減少した世帯に対して、緊急かつ一時的な生活維持のために20万円以内の資金を融資
2	総合支援資金 （特例貸付）	収入の減少や失業等により生活が困窮し、日常生活の維持が困難となっている世帯に、生活再建までの生活費を融資
3	住居確保給付金	収入が減少した人（フリーランスを含む）で、家賃の支払いが困難になった人に対して、自治体から家主に原則3カ月の家賃を支給
4	傷病手当金 （健康保険）	健康保険に加入している人が新型コロナウイルス感染症にかかり、療養のために仕事を休んだ場合に支給
5	特別定額給付金	2020年4月27日に市区町村の住民基本台帳に記録されている人、1人につき10万円を給付
6	未払賃金立替払制度	企業倒産等により賃金が支払われないまま退職した労働者に対して、未払額の8割を国が立替払いする
7	休業手当	会社の指示によって仕事が休みとなった場合、企業は賃金の6割以上を支払うよう定められている
8	国民年金	臨時特例措置として、本人が申告する所得見込額を用いて保険料免除の申請ができる
9	国民健康保険	収入が急減した場合、保険料の減免や支払い猶予が受けられる
10	公共料金	社会福祉協議会の緊急小口貸付を受けているか、または受けようとしている状況で、一時的に支払い困難な状況にある場合、支払いが猶予される
11	納税の猶予	新型コロナウイルス感染症の影響により事業収入が著しく減少した個人・法人に対して1年間、国税の納付を猶予

詳細は下記 URL 参照

https://www.jafp.or.jp/covid-19/support/（日本ＦＰ協会）

第 2 章

ＦＰ業の魅力と取り組み事例

ＦＰという仕事（ＦＰ業）の魅力

　ＦＰという言葉は、ファイナンシャル・プランナーという資格を表すとき
と、ファイナンシャル・プランニングという仕事の中身を表す二つの意味が
あります。

　ファイナンシャル・プランニングこそ、まさにファイナンシャル・プラン
ナーの仕事です。他の職業にない新鮮な魅力と差別化をするものです。クラ
イアントからすれば家計の悩みや問題をファイナンスという視点から解決す
る手法です。この手法を駆使して、家計や資産を守り次の世代へ繋げていく
支援をする人、これがファイナンシャル・プランナーです。

　クライアントは、中立、公正な対応策を求めてファイナンシャル・プラン
ナーへ相談に来ますが、最終的には新鮮で効果的なファイナンシャル・プラ
ンニングという解決手法に酔いしれるのだと思います。

　ファイナンシャル・プランナーを目指す方々は、ＦＰ業をスタートする前、
あるいはＦＰ資格を取りたいと思っている段階では、以下のようなことを思
い浮かべながら資格取得に邁進されるのではないでしょうか。

　・業として一生続けられる
　・大きな資金がなくても開業が出来る
　・今、社会的に求められている旬なコンサルタント業だ
　・人に感謝される仕事だ
　・自分の知識はもちろん人生経験や人となりのすべてを活かせる
　・常に新しい発見や知識の吸収につながる
　・自分を成長させられる、等々

　ファイナンシャル・プランニングを駆使してクライアントの家計や資産を
守ることをミッションとするＦＰ業の魅力は、なんといっても「時間とファ

イナンシャル・プランニングという武器（ツール）を思う存分に使い、クライアントの数十年にわたる長い人生の個々の問題を共に解決し、人として尊厳ある存在になる」ということだと思います。

　弁護士は法律を、税理士は税務申告を、企業や金融機関は商品というツールを使い顧客の問題解決に取り組みます。ファイナンシャル・プランナーは時間軸をベースにしたキャッシュフロー表を使い解決策を提案していきます。
　時間軸をベースにした解決策は単なる解決ではなく、将来に向けた大きな進歩、想像もできない程の魅力的な人生をクライアントに提供するものです。そして、それをクライアントとファイナンシャル・プランナーが共有します。これがまさにＦＰ業の魅力ではないでしょうか。

　相続に関するコンサルティングを例に挙げてファイナンシャル・プランナーの役割について少し具体的に説明してみます。

相続コンサルティングにおけるファイナンシャル・プランナーと各分野の専門家との関係

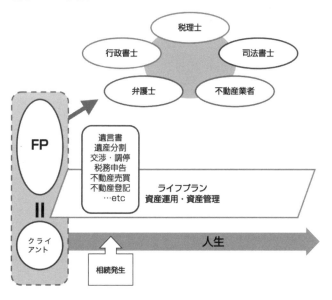

　ファイナンシャル・プランナーが初めてのクライアントから相続の相談を受けることは多くはありませんが、顧問契約などで長く関係が続いていくうちに必ず相続に関係した相談事項が出てきます。

　相続については、税務申告は税理士、遺産分割で揉めた場合は弁護士、相続後の不動産登記は司法書士、相続対策のための遺言書作成は行政書士など、様々な専門家が存在します。これらの士業は、法律によって専門とする業務が決められています。

　ファイナンシャル・プランナーには業務を規定する法律が存在せず、業務として何をしたらよいのか、何をしてはいけないのか、という明確な基準がありません。しかし、他の士業の独占業務とされていることを、その資格を持たないファイナンシャル・プランナーが行なうことは違法であり、処罰の対象となるので注意が必要です。教科書的な説明では、一般論としての法律の解釈や解説はできるが、顧客の個別のケースについてのアドバイスは不可とされています。税金の計算を例に挙げると、顧客のケースと全く関係のない数字を用いた一般論の説明をすることはできるが、顧客の数字を用いて計算してはいけないということです。しかし、顧客の相談の場面で一般論の解説だけで終わったのでは何の解決にもなりません。

　これは相続の分野に限らず、金融商品や保険商品の販売でもいえることで、「ファイナンシャル・プランナー」の資格だけでは、ライフプランの作成以外の実務はほとんどできないというのが現実なのです。ですから、ファイナンシャル・プランナーが合法かつ顧客の利益のために充分なコンサルティングを行なうためには、他の専門家との連携が欠かせません。いつ、どんな相談を受けるかわかりませんから、日頃から様々な専門家とのネットワークを築き、専門分野の実務スキルの高い人を見つけておくことが大切です。

　特に相続は、法律、税務、不動産、金融など幅広い分野の専門知識や情報が必要とされます。ただし、顧客のことを最も理解しているのはファイナンシャル・プランナーです。顧客の現在の資産状況はもちろん、家族や性格、これまでの人生やこれからの計画まで全体像を把握しているはずだからです。他の専門家は現在発生している相続という問題を専門分野の視点から解決する役割を担っているにすぎません。関係する専門家一人ひとりに顧客自身が

対応するのには多大な時間と神経を使い、自分が契約した相手であるにもかかわらず意思をうまく伝えられないという事態もあり得ます。顧客と一緒に、あるいは顧客に代わって、関係者を統括する司令塔が必要です。ファイナンシャル・プランナーは相続実務の細部に精通しているわけではありませんが、広く知識は持っています。相続コンサルティングのとりまとめ役にはファイナンシャル・プランナーが適任です。

　また、士業の有資格者であっても、すべての人が相続の専門家であるとは限りません。弁護士や税理士にはそれぞれ得意分野があります。特に顧客から指定がなければ、ファイナンシャル・プランナーが自分のネットワークの中から相続の実務経験の豊富な人を選んで依頼することが必要になってきます。

　相続コンサルティングでは、ファイナンシャル・プランナーが中心となって必要な専門家のチームを編成し、顧客の意思を各専門家に伝え、専門家の意見を顧客に解説しながら、全体として顧客の納得のいく結果が得られるよう取りまとめていくのが理想的な形であるといえます。

専門家	相続に関する独占業務
弁護士	遺産分割の交渉、調停、裁判
税理士	相続税申告、準確定申告
司法書士	不動産の名義変更登記、法人の変更登記
行政書士	遺産分割協議書の作成、遺言書作成 ※弁護士、司法書士、税理士も可能

相続に関連する様々な民間資格について

「相続診断士」「相続アドバイザー」「相続士」「相続実務士（相続コーディネーター）」「相続手続きカウンセラー」など、相続に関係する民間資格がたくさんあります。いずれも、考え方としては相続に関する実務知識を幅広く学び、相続の司令塔となって全体をコントロールしていけるようになることを目指します。

　ＦＰのほか、生命保険の営業マン、不動産業の方など相続に関係する仕事を本業とする人たちが多数、資格を取得しています。また、先に挙げた士業の有資格者も、相続の分野に本格的に取り組もうとするとき、実務を学び、関係する異業種とのネットワークを築く目的で資格講座に参加します。

　相続関係講座の知識のベースはＦＰ資格を取得するために学ぶ内容でほぼ網羅されていますし、顧客の立場で総合的に判断するというスタンスもＦＰに近いものです。ですからＦＰは相続のプロに最も適していると考えられます。

　これらの民間資格は士業とは違い、取得しても公式に認められる独占業務はありません。独学で試験を受けたり養成講座に通ったりすることで比較的簡単に取得できます。それにもかかわらず士業の人たちがわざわざ学ぼうとするのは、相続コンサルティングが非常に幅広い分野に関係し、自分の専門知識だけでは対応しきれないことに加え、ビジネスとしても相続の全体像を把握・プランニングして、自分が中心となって動くことで収益拡大を図ることができるからです。

　資格を取得してもすぐに実務で通用するわけではありませんが、勉強した証として名刺に資格名称を書くことで、自信を持って顧客に接することができるのであれば資格取得の価値は大きいといえます。

ＦＰサロンさいたま新都心について

1. 地域密着型のＦＰ相談の拠点

　さいたま新都心の西、北与野駅前の産学交流プラザには、創業を目的とする企業が100社以上入居しています。ＦＰ会社も多々あり、まさに「ＦＰの街さいたま新都心」にふさわしいロケーションです。

【さいたま新都心将来ビジョン： https://bit.ly/30B29Ji】

　埼玉県民のためのＦＰ相談の場を創ろうと10年ほど前にＦＰ資格を持つ有志が集まり「**ＦＰサロンさいたま新都心**」を創設しました。特徴は以下の通りです。

・あえて地域密着型のアナログな活動を中心に行なう
・ＦＰを仕事にしたい人を対象に実学を学ぶ、実務に触れられる場とする
・ＦＰが真価を発揮するために様々なスペシャリストとのネットワークを構築する
・行政、技能士会連合会等公的機関との連携を密にして地域社会に貢献する

　埼玉県民の方が相談に来ていただくことを第一義として、地域密着型のアナログな活動を中心にスタートしました。駅前でのチラシ配布によるセミナーや相談会のご案内や駅前のタクシー運転手からのお客様紹介等々です。

　相談者のご相談はもとより「ＦＰの相談実務」実践の場として、実学を学ぶ場所として、現在17名のＦＰ（ＦＰ技能士などＦＰ資格保持者）と共に

埼玉県民のためレベルの高いＦＰ相談を目指し、全員一丸となってスキル向上に努めています。相談の基本はもちろんファイナンシャル・プランニングです。人生設計を基本として必ず提案書の作成が伴います。ファイナンシャル・プランニングができない方はここでは通用しません。ファイナンシャル・プランニングを最優先しなければ、他の金融機関や業者との差別化が図れないからです。

　一方、ファイナンシャル・プランナーと顧客が作成したファイナンシャル・プランを実現するためには、様々なスペシャリストと連携しプランを実現するための商品が必要不可欠となります。そのためにこの「ＦＰサロンさいたま新都心」では色々な業界、業種の方が集い顧客にとってベストな商品を提供し顧客の人生目標を達成するため尽力しています。

　現在、コロナの影響で不安が多い方もいらっしゃるので24時間、365日の相談をお受けする体制を整えました。注1)

　昨年話題を呼んだ、老後の生活資金が年金だけでは 2,000 万円ほど不足するという話や大きな社会問題になっている「空き家対策」のご相談にも積極的に対応しています。注2)

　さいたま市教育委員会や戸田市後援等のセミナーも月1回のペースで120回を超える等サロンの認知度も高まりつつあります。社会貢献的な活動が多く「ぼけますから、よろしくお願いします。」といった介護関連の映画上映会も開催しました。

　なお、本組織は米国よりＦＰ資格を日本に導入し、ＦＰ協会を設立した当時の立役者でもある井畑敏、田中和男両氏の思いを受け継いで設立したものであり、この「ＦＰサロンさいたま新都心」で共に活動する方には Mr. ＦＰプロフェッショナルズの称号を必要に応じて使

Mr. ＦＰプロフェッショナルズ
20 年の歴史を持つ標記のロゴ。

用して頂いています。

注1）24時間365日対応
○ＦＰサロンさいたま新都心さいたま新都心URL
　http://www.fpsalon-saitama.com/
○24時間受付URL
　https://peraichi.com/landing_pages/view/consultation202005

注2）空き家対策
令和2年度東京都の「空き家ワンストップ相談事業」の窓口ネクスト・アイズの埼玉
サテライトとなっております。
※ネクスト・アイズ株式会社　URL　https://www.nexteyes.co.jp/akiyasoudan/

★お近くの窓口で相談可能（無料）
1　ネクスト・アイズ株式会社本社
2　吉祥寺サテライトオフィス
3　東京駅前サテライトオフィス
4　調布サテライトオフィス
5　さいたまサテライトオフィス
6　横浜戸塚サテライトオフィス
7　千葉サテライトオフィス
8　東京メトロポリタン税理士事務所
9　東京グリーン法律事務所
10　司法書士法人もみき法務事務所

2. ＦＰサロンさいたま新都心の特色

　先に述べたＦＰサロンさいたま新都心（以下ＦＰサロン）の活動目的は、2つに整理できます。第一に、地元の皆様に、「クオリティの高いＦＰ相談ができる場所がここにある」ことを知ってもらい、多くの相談者に本当のファイナンシャル・プランニングというサービスを提供すること。第二に、ＦＰ資格、ＦＰ知識を活かして何か仕事がしたいという人がファイナンシャル・プランニングを実践する機会を得て、ＦＰという仕事の面白さや喜びを実感してもらうことです。

　ＦＰサロンさいたま新都心のＦＰは、所属している個々のメンバーの立場やＦＰとしてのスタンスは様々です。

　企業に属しておらず「独立ＦＰ」に分類されるＦＰの中でも、既に独立して事務所を構えて自立している人もいれば、開業前にまずＦＰ実務に触れたいという準備期間中の人もいます。本格的な独立は目指しておらず、自分のペースで知識と経験を活かし社会貢献を兼ねて活動したいという人もいます。また現在は金融機関勤務で、本当の意味でのＦＰ相談を学ぼうとして参加している方もいます。その他保険代理店勤務の方、金融商品仲介業者と業務委託契約を結んでいる方等々その立場は多岐にわたっていますが、共通していることは全員がファイナンシャル・プランニングを実践し、地域の方の生活を改善し、喜んでもらいたいという思いです。金融商品の取扱いについていえば、ポリシーとして商品は扱わないという人もいれば、本当は扱いたいがまだ顧客が少なく保険代理店や金融商品仲介業者に受け入れてもらえない人もいます。

　専門性の面からも、住宅取得や終活専門のコンサルティング、金融リテラシー向上のための研修など、一定の分野に特化している人もいて個性豊かです。そのおかげで顧客向けのセミナーもバラエティに富んだテーマが用意できるので、さいたま市では毎月、戸田市では四半期に一度の自主開催セミナーを長く継続することができています。顧客にアプローチする切り口が増え、確実に顧客層が広がっています。

　保険代理店や証券仲介業者、金融機関に所属している人は、せっかくＦＰを学んでも、仕事の中でそれをフルに活かすことができません。しかし、経験の浅い独立ＦＰよりもはるかに高度な実務知識と経験、最新の情報を持っています。その点では、相互に協力して良いシナジー効果が生まれているように思います。

　例えば、保険代理店に所属しているメンバーの方は、ＦＰサロンのセミナー講師や相談は独立ＦＰとして行ないＦＰ相談のスキルを磨きます。逆に保険販売資格のない他のメンバーがＦＰ相談を受けて保険商品の提案が必要になったときは保険代理店の立場で、一緒に相談を受けます。プロの保険代理店の方はその道のプロとして様々な関連情報を持っているうえ、契約後のフォローも安心です。また、損保代理店の方はＦＰが苦手な損害保険の分野でもしっかりメンテナンスをしてくれます。

　活動分野が異なる人たちが集まることで、ネットワークが広がることは大きなメリットです。それぞれのネットワークの士業の専門家や不動産会社、運用商品の提供会社などをＦＰサロンに紹介し、ＦＰサロンと提携する専門家や企業が増えています。

　ＦＰサロンのメンバーは必ずしも全員が理想的な独立ＦＰを目指しているわけではありません。メンバー個人では「ＦＰの６ステップ」を踏むことができなくても、ＦＰサロンとして「ＦＰの６ステップ」をすべて提供できる体制になっています。様々な人が、「ＦＰ」を核として結び付き、自分が持っているもの、できることを提供し合って一緒にＦＰをやっていこうというのがＦＰサロンです。

　ＦＰサロンでＦＰ相談の現場を経験し、面白さを知り、ＦＰを本業としようと思う人が出てくれば、それは喜ばしいことです。現状ではＦＰがＯＪＴを受けられる機会はほとんどないので、その意味ではＦＰサロンは独立準備中あるいは独立したてのＦＰのＯＪＴの場でもあります。

　一方で、単に独立への通過点としてではなく、様々なＦＰ関連人材が集まって顧客にＦＰサービスを提供することも意味があると考えています。いくら「独立ＦＰは人の役に立つ素晴らしい仕事であり、ビジネスとしても魅力がある」といっても、独立起業して生計を立てていくことは容易ではありません。ＦＰサロンさいたま新都心のような場があれば、ＦＰ資格を取得した人たちが知識と経験を活かして、自分のできる範囲で、自分なりのペースでＦＰ業務を実践することができます。定年退職した後でも可能です。

　現在、ＦＰ資格保有者は何十万人もいますが、実際に顧客に対してファイナンシャル・プランニングを行なった経験のある人は非常に少ないと思われます。資格を活かしてＦＰ実務に関わることができれば、資格としてのＦＰではなく、仕事としてのＦＰへの関心が高まっていくはずです。ＦＰサロンのような活動が独立ＦＰの業界づくりの基盤になっていくと考えています。

第 3 章

ＦＰビジネスの実践
（ＦＰサロンさいたま新都心の相談事例）

ＦＰサロンさいたま新都心

http://www.fpsalon-saitama.com

"さいたま"の地に JCPFP のメンバーが中心となり、地域に根ざした FP グループの拠点を 10 年前に創設しました。ビジネスとして独立 FP を目指すだけでなく、副業、兼業も含め自分の得意分野を活かしてファイナンシャル・プランニングを行なっていこうという FP や関連分野の専門家が集まっています。JCPFP では、各地に同様の拠点（FP サロン）をつくり、ファイナンシャル・プランニングの裾野を広げていきたいと考えています。

〒 338-0001
埼玉県さいたま市中央区上落合 2-3-2 MIO 新都心
TEL：048-859-7810　FAX：048-851-5231
※アクセス：北与野駅 1 分、さいたま新都心駅 10 分
※お問い合わせは、HP のフォームをご利用ください。

ファイナンシャル・プランニングの実際
～ＦＰ相談の基本～

田代美由紀（たしろ・みゆき）
ＦＰミモザ、ＩＦＰインティグリティ・ファイナンシャ
ル・パートナー代表
保有資格：ＡＦＰ、２級ファイナンシャル・プランニ
ング技能士、プライベートバンカー、家族信託コーディ
ネーター

1962年埼玉県生まれ。
国内大手銀行、信託銀行勤務を経て、2015年、さい
たま新都心で個人ＦＰ事務所「ＦＰミモザ」を開業、
ＦＰとして独立しました。2017年、個人向けＦＰと
は別に「インティグリティ・ファイナンシャル・パート
ナー」の名称で、銀座を拠点として確定拠出年金等の
法人向けコンサルティングを開始。埼玉と東京を中心
に、個人向け・法人向けの２本立てで活動しています。

ＦＰへの思い、独立の経緯

　ＦＰ資格を取得することになったのは金融機関在籍時に必要だったためで、何かを期待していたわけではありませんでした。ところが、キャッシュフロー表を勉強した時、その後の私の進路を変える気づきがありました。顧客と一緒にキャッシュフロー表を作成し、時間軸に沿って一生涯にわたるお付き合いができたらどんなに素晴らしいだろうと思ったのです。当時、私は金融機関の営業活動においても、できる限り顧客の利益を考えて誠意をもって商品提案を行なっていましたが、扱う商品も、できるサービスも限られています。ＦＰ資格取得をきっかけに芽生えた「商品ありきではなく、顧客のファイナンシャル・プランに沿った商品を提案したい」という思いが、営業活動に追われる日々の中でだんだん強くなり、どこの金融機関にも属さない独立ＦＰになろうと決意しました。

　独立にあたって、私はＦＰ向けの独立講座を受講しました。ＦＰ独立講座

はいくつかありますが、主催者の著書を読んだり、実際に会って話を聞いたりして、自分の考え方に合う所を選ぶことが大切だと思います。独立講座はその場で知識やノウハウを学んで終わりではなく、独立後も様々な業務サポートを受けながら仕事を進めていくからです。その講座を修了したＦＰどうしのネットワークも重要です。

　私の場合、講座を運営していたさいたま新都心のＦＰのグループ（現在のＦＰサロンさいたま新都心）の一員となり、比較的スムーズに独立ＦＰとしてのスタートを切ることができました。私は顧客への商品提案まで一貫して自分の手でサポートしたかったので、独立当初から保険募集人と証券外務員の資格を取得、金融商品仲介業と保険代理店の両方を行なっている企業の社員として契約し、法的に金融商品の取り扱いが可能な立場を確立しました（所属先は独立講座で紹介された中から選択しました）。現在は多くの不動産会社や士業などと提携し、顧客に必要な商品提案が可能な体制を整え、「お客様の夢の実現のお手伝い」をモットーに、ファイナンシャル・プランニングを基本として顧客と長期にわたる信頼関係を築くことを目指して相談業務を行なっています。

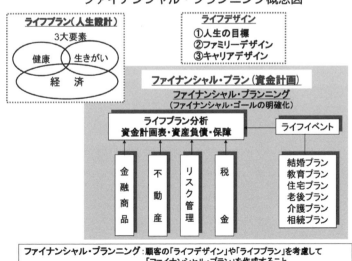

ファイナンシャル・プランニング概念図

ファイナンシャル・プラン作成にあたって大事にしていること

　最近ではライフデザインの多様化により、婚姻率は低下し平均初婚年齢も上昇、第一子出産時の母親の平均年齢も 30 歳を超えました。一方で一生独身のシングルや、夫婦共働きで子供を持たない DINKs なども増加し少子化が進行しています。このような環境をふまえ、私は顧客のライフデザインを正しく理解し、充分に考慮してファイナンシャル・プラン作成に取り組むように努めています。

　シングルの場合、一生独身であれば結婚資金や教育資金の必要はありません。しかし自分自身のキャリアアップの為の教育には資金が必要だし、老後資金はしっかり準備する必要があります。また生命保険については、死亡保障よりも医療保障の充実を図るといった配慮が求められます。

　夫婦が共に働いていて子供のいない DINKs も子供の教育費は不要ですが、夫婦それぞれがキャリアアップなどに備えた自分自身の教育にお金をかけたいという場合もあります。共働きなので大きな死亡保障は必要ありませんが、2 人で楽しむための老後資金と医療保障の充実は課題です。

　一方でファミリー世帯は、子供の教育資金、老後資金がフルに必要になります。住宅を購入した場合、ローンを支払いながら、同時に教育資金や老後資金を準備しなくてはならず、早い段階から計画的に準備することが大切です。また、共働き家庭の生命保険は夫の死亡保障の他、妻の死亡保障にも注意が必要です。例えば収入のある妻が死亡した場合、（年金法上の）子供がいれば遺族基礎年金は支給されますが、遺族厚生年金は原則として夫の年齢が 55 歳以上でなければ支給されません。

　多様な生き方が選択できるようになったいま、顧客のライフデザインは様々です。ファイナンシャル・プランナーは自分の価値観にとらわれることなく、個々の顧客の事情や価値観をふまえてプランニングを行なうことが求められます。裏を返せば、モデルケースに当てはまらない生き方を選ぶ人が増えたからこそ、ファイナンシャル・プランナーに相談する必要性が生まれたといえるのでしょう。

年代別、ファイナンシャル・プランニング上の課題

　ライフデザインは多様化していますが、人生100年の間、希望どおりの生活を送るためには、年代毎にその時になすべきこと、とるべき行動があります。顧客に必要な情報を提供し、金融リテラシーの向上を図るよう促すのもファイナンシャル・プランナーの役目です。

20代

　将来のことはまだ夢の段階という人もいるものの、ライフプランの具体化に備えて、家計管理方法、貯蓄・運用の仕方、保険の加入などの知識を身につけることが重要。

30代

　結婚資金や住宅資金、子供の教育資金など、さまざまな資金準備が必要。目的のはっきりしている資金は、リスク・リターンを考え適切な運用商品を選択し、計画的に準備することが大切。また一家の大黒柱の万一に備えて生命保険で遺族保障を確保しておきたい。

40代

　住宅ローンや教育費の負担が非常に大きくなる時期。また自らの老後資金の準備をスタートさせる時期であると同時に、親の介護問題が切実になってくる時期でもある。

50代

　子供の自立と就職がテーマになる時期。定年退職後、受給できる年金や退職金の額などを早期に把握し、リタイアメントプランを綿密に立てる。また適切な運用を心掛け、老後資金を確保する。保険は死亡保障から医療保障へ重点を変えることも考える。

注）リタイアメントプラン：退職後の生活を中心にしたファイナンシャル・プラン

60代

　公的年金を基礎に退職金や金融資産での運用、一定の仕事や不動産活用による収入確保なども考える。健康で生きがいのある老後生活を送ることがポイントであるが、介護が必要になった時の備えや相続の問題などを検討する時期でもある。

ファイナンシャル・プラン作成の意義とＦＰの役割

　ファイナンシャル・プランの作成には、個人の意思決定が非常に大切です。就職先をどこにするのか、結婚するのかしないのか、子供を持つのか持たないのか、住宅取得や転職など人生は意思決定の連続です。ファイナンシャル・プランナーは顧客がどのような人生を望んでいるのかをしっかりヒアリングし、顧客が達成するべき目標（**ファイナンシャル・ゴール**）を設定します。そのためにどのような選択肢があるのか情報収集を行ないます。そしてメリット・デメリット、リスク・リターンなどをよく分析し、顧客が自ら意思決定できるよう援助します。

　私たちファイナンシャル・プランナーの仕事は、顧客の人生における重大な意思決定に深く関わるものです。顧客が迷ったり悩んだりしているとき、経済的な面から数値を用いて客観的に分析し、判断材料を提供することは、大きな助けになると考えています。一人一人がモデルのない人生を歩んでいかざるを得ない中で、ファイナンシャル・プランは顧客が人生の岐路において納得して選択を行ない、積極的に前に進んでいくために必要不可欠なものです。

ファイナンシャル・プランニング事例

　40代の家族の事例をご紹介します。

【家族構成】			
山田	太郎	40歳（会社員）年収　600万円（税込）	
	花子	38歳（専業主婦）	
	一郎	9歳（小学3年生）	
	一子	7歳（小学1年生）	

【希望事項】

・子供の教育については、親としては小中高は公立、大学は私立（自宅から通える範囲で）へ進学させたいと希望しているが、できる限り本人が望む教育を受けさせたいと思う。

・できれば7年ごとに車の買替えを希望（3年後に次回買替えを希望）。
・年に一度は実家のある福岡に帰省したい。
・年に一度は家族旅行に行きたい。
・退職後、夫婦で海外旅行に行きたい（2年ごと）。

【基本データ】（現在）

①支出

項目	月額	年額	内容
基本生活費	18万円	216万円	食費、日用品、水道光熱費、通信費など
住居費	9.5万円	114万円	・住宅ローン返済 94万円／年、65歳まで ・固定資産税、維持費　20万円／年
教育費		50万円	2人分、塾・習い事を含む
生命保険料	2万円	24万円	・夫の収入保障保険1万円／月 　　保障、保険料支払いとも65歳まで ・夫妻の医療保険　1万円／月 　　夫妻とも60歳まで払込み、保障は終身
損害保険料		9万円	自動車保険、火災保険など
その他支出		35万円	・自動車関連　10万円／年 　　自動車税、車検積立、ガソリン代等 ・旅行関連　25万円／年 　　帰省、家族旅行

②収入

山田 太郎	年収　600万円、可処分所得　450万円、賃金上昇率1％
山田 花子	年収　60万円（パート収入）

③金融資産

定期預金	200万円
普通預金	80万円
財形貯蓄	30万円（毎月2万円積立、60歳まで）

【将来の収支予想】

①**基本生活費の見込み**

物価上昇率：1％

長男23歳時から5％減額、以降は上昇せず定額。

本人60歳時に子供独立の為さらに5％減額

②**その他の支出見込み**

・教育費（1人あたり）　小学校25万円／年、中学校30万円／年、

高校40万円／年　大学 入学年度150万円、

2～4年120万円／年

・車の買替え　43歳、50歳、57歳、64歳時　各200万円

・車の保有は75歳まで

・退職後の海外旅行費用　61歳時　125万円、63歳・65歳時　75万円

③**退職一時金**　太郎60歳時　1,000万円（見込み）

④**公的年金収入**（65歳からの受給見込額、手取額）

山田 太郎　180万円／年

花子　70万円／年

【現状のキャッシュフロー表】

　50歳時、子供の教育費の増加により、年間収支が大幅にマイナスになってしまい貯蓄を取り崩さなくてはならない。その後60歳時に退職金を受取り一時的にプラスになるが、住宅ローンも65歳まであるため、65歳時には家計が破綻してしまう。

　生活費の見直しを行ない、車の買替えや定年後の海外旅行を控えるとすれば多少の改善は望めるが、今後の老後生活を考えると不安が残る。まず希望を実現することを前提に対策を考えたい。

表1 キャッシュフロー表（現状）

(通) ver. 4.00

項目	上昇率 %	現在 令和2 2020	1年後 令和3 2021	2年後 令和4 2022	3年後 令和5 2023	4年後 令和6 2024	5年後 令和7 2025	6年後 令和8 2026	7年後 令和9 2027	8年後 令和10 2028	9年後 令和11 2029	10年後 令和12 2030	11年後 令和13 2031	12年後 令和14 2032	13年後 令和15 2033	14年後 令和16 2034
太郎（世帯主様）	—	40	41	42	43	44	45	46	47	48	49	50	51	52	53	54
花子（配偶者様）	—	38	39	40	41	42	43	44	45	46	47	48	49	50	51	52
一郎（お子様）	—	9	10	11	12	13(中)	14	15	16(高)	17	18	19(大)	20	21	22	23
一子（お子様）	—	7(小)	8	9	10	11	12	13(中)	14	15(高)	16	17	18	19(大)	20	21
支出																
年間必要生活資金	1.00%	216	218	220	223	225	227	229	232	234	236	239	241	243	246	233
住宅ローン・固定資産税・修繕費	—	114	114	114	114	114	114	114	114	114	114	114	114	114	114	114
車関係（税金、車検積立等）	—	10	10	10	10	10	10	10	10	10	10	10	10	10	10	10
車買替	—	0	0	0	200	0	0	0	0	0	0	200	0	0	0	0
教育資金	—	50	50	50	50	55	55	60	70	70	80	190	160	270	240	120
保険・個人年金	—	33	33	33	33	33	33	33	33	33	33	33	33	33	33	33
積立	—	24	24	24	24	24	24	24	24	24	24	24	24	24	24	24
家族旅行・帰省費用	—	25	25	25	25	25	25	25	25	25	25	25	25	25	25	25
支出計		472	474	476	679	486	488	495	508	510	522	835	607	719	692	559
収入																
メイン収入（主）	1.00%	450	455	459	464	468	473	478	482	487	492	497	502	507	512	517
メイン収入（副）	0.00%	60	60	60	60	60	60	60	60	60	60	60	60	60	60	60
その他の継続的収入	—	0	0	0	0	0	0	0	0	0	0	0	0	0	0	0
その他収入	—	0	0	0	0	0	0	0	0	0	0	0	0	0	0	0
年金収入	—	0	0	0	0	0	0	0	0	0	0	0	0	0	0	0
収入計		510	515	519	524	528	533	538	542	547	552	557	562	567	572	577
年間収支		38	40	43	-155	43	45	42	35	37	30	-278	-45	-152	-120	18
預貯金・投資信託等	0.01%	280	320	363	208	251	296	338	373	410	440	163	118	-34	-154	-136
積立	0.10%	54	78	102	126	150	175	199	223	247	271	296	320	344	369	393
合計（資金+積立）残高		334	398	465	334	401	470	537	596	658	712	459	438	310	215	257

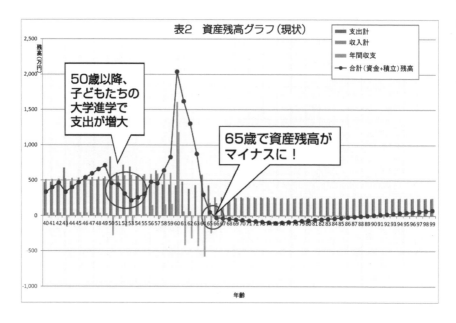

表2　資産残高グラフ（現状）

【対策後のキャッシュフロー表】

　毎月積み立てている財形貯蓄をつみたてNISAに切り換え、投資信託（目標利回り3％）で運用。60歳で積立を終了した後も3％で運用を続けながら取り崩していくことによりキャッシュフローは安定してくる。

　また、長寿化に備えて退職後も再雇用制度を利用するなど、長く働くことができれば、収入を確保できるとともに、社会と関わることでより充実した老後生活になる可能性も大きい。

　妻の働き方（収入）も、子どもの成長とともに見直しの余地はありそうだ。

　高齢期には介護や施設に入居することなども充分に想定しておく必要があるため、そのための資金確保も必須となる。

表3 キャッシュフロー表（対策後）

(通) ver 4.00

項目	上昇率 %	15年後 2035 令和17	16年後 2036 令和18	17年後 2037 令和19	18年後 2038 令和20	19年後 2039 令和21	20年後 2040 令和22	21年後 2041 令和23	22年後 2042 令和24	23年後 2043 令和25	24年後 2044 令和26	25年後 2045 令和27	26年後 2046 令和28	27年後 2047 令和29	28年後 2048 令和30	29年後 2049 令和31	30年後 2050 令和32	31年後 2051 令和33
太郎（世帯主様）	–	55	56	57	58	59	60	61	62	63	64	65	66	67	68	69	70	71
花子（配偶者様）	–	53	54	55	56	57	58	59	60	61	62	63	64	65	66	67	68	69
一郎（お子様）	–	24	25	26	27	28	29	30	31	32	33	34	35	36	37	38	39	40
一子（お子様）	–	22	23	24	25	26	27	28	29	30	31	32	33	34	35	36	37	38
年間必要生活費	1.00%	233	233	233	233	233	220	220	220	220	220	220	220	220	220	220	220	220
住宅ローン・固定資産税・修繕費		114	114	114	114	114	114											
車関係(税金・車検積立等)	–	10	10	10	10	10	10				20	20	9	9	9	9	9	9
（予備費等）		25	25	200	25	25	25	125	25	75	25							
支出計		559	439	639	439	439	426	478	378	428	578			259	259	259	259	
メイン収入(主)	1.00%	522	528	533	538	544	549	200	200	200	200	60	60	60	60	60	60	60
メイン収入(副)	0.00%	100	100	100	100	100	100	100	100	100	100	100	100					
その他の継続的な収入	–																	
その他の収入	–						1,000											
年金収入													180	240	250	250	250	250
収入計		622	628	633	638	644	1,649	300	300	300	300			310	310	310	310	
年間収支		63	189	-6	199	205	1,223	-178	-78	-128	-278	52	-19	51	51	51	51	-9
預貯金・投資信託等	0.01%	287	477	470	670	875	2,098	1,920	1,842	1,714	1,437	1,489	1,470	1,521	1,572	1,623	1,674	1,666
積立	3.00%	531	570	612	654	697	742	765	788	811	836	861	886	913	940	969	998	1,028
合計(貯金・積立)残高		818	1,047	1,082	1,324	1,572	2,840	2,685	2,630	2,526	2,272	2,349	2,356	2,434	2,513	2,592	2,672	2,693

注記（吹き出し）：

- 一子が中学入学後は、妻の仕事＝収入を増やす
- 現在の仕事を定年退職した後も、働くことを考える。
- 積立を財形からNISA口座での投資信託に変更。65歳以降も投信での運用は継続する。

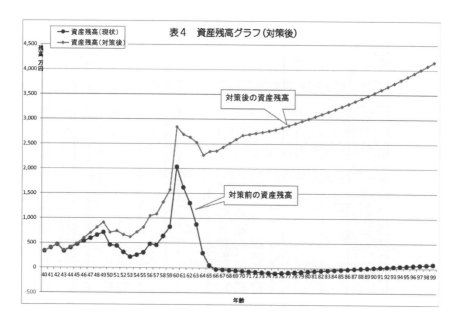

表4　資産残高グラフ（対策後）

対策後の資産残高

対策前の資産残高

事例にみるファイナンシャル・プランニングの効果

　私たちはそれぞれの家庭、または個人として目標や希望を持って生きています。それらの目標はいつまでに達成したいのか、またどのくらいの資金が必要なのかをしっかりと把握し準備をしていかなければなりません。そのためにキャッシュフロー分析を基本としたファイナンシャル・プランを作成することは大いに有効です。

「人生100年」と言われている今、事例の山田太郎さんは現在40歳。99歳までのファイナンシャル・プランを作成してみても、今後の社会情勢を鑑みた時、果たしてこのように計画通りになるのか疑問です。企業業績の悪化によるリストラや、病気で働けなくなるといったリスクも想定しておかなければならないでしょう。年金制度についても、少子高齢化の進行により将来受給できる年金額が削減されることも充分に考えられます。

　しかし、いまファイナンシャル・プランを作成して人生を長期的な視点でシミュレーションすることは非常に役に立ちます。「子供には望む教育を受けさせてあげたい」、「定年退職後は夫婦で海外旅行に行きたい」と思っていても、何も対策をしないままであれば希望は叶うどころか、途中で家計破綻

に陥ってしまうことがわかりました。そのことに早い段階で気づくことにより対策を検討することができます。

　ほんの少しの対策（金利のほとんどつかない財形貯蓄をやめ、つみたてNISA の投資信託で運用する）を実行することによりキャッシュフローは大幅に改善される可能性もあります。また、60 歳以降、勤務先での再雇用制度の活用や新たに起業するなどして、少しでも長く働くことができれば収入増はもちろん、社会との繋がりや生きがいをもった老後を送ることが可能となるでしょう。新たな可能性に気付いた時、目標も変更され、より一層充実した人生を送ることができるようになるかもしれません。

　山田さんがお子さんに「できる限り本人が望む教育を受けさせたい」と望んでおられるようにファイナンシャル・プランは家族全員の夢を実現するためのものです。1 年に 1 度家族会議を開いてそれぞれの夢や目標を出し合い、現状のままで実現可能か、厳しいのであればどのような対策をすれば実現できるのかを確認すると良いでしょう。その時にファイナンシャル・プランナーが傍で寄り添い、一緒に考えてあげることは非常に価値のあることです。私は関わった顧客とは一生の付き合いが続くと思っています。顧客から頼りにされ、顧客の人生の節目に立ち会えることはファイナンシャル・プランナーの大きな喜びであると言えます。

ファイナンシャル・プランニングによってＦＰが得られる収益

　ＦＰ相談の料金は、ホームページなどでは 1 時間 1 万円前後、あるいはファイナンシャル・プラン作成 3 〜 5 万円という記載が多いように思いますが、実際には自ら設定する無料相談特典やキャンペーン、提携先からの顧客紹介などで、初回面談は無料で受けることが少なくありません。その流れでファイナンシャル・プラン作成まで無料や格安料金でサービスしてしまうこともあります。それでは割に合わないと思われるかもしれませんが、ファイナンシャル・プランを作成することで様々な収益のチャンスが生まれてきます。

　初回無料相談の顧客の例を紹介します。

【相談者　Aさん】

40代　会社員、手取年収500万円。家族は妻と子供1人。

現在は賃貸マンションに住んでいるが、住宅購入を希望。

ただし、子供の学費や自分たちの老後資金を考えると、住宅を購入して良いのかどうか不安になる。自分にとって住宅の予算はいくらまでなら適正なのかを知りたい。

　Aさんは、私が講師を務めたセミナーに参加され、「初回相談無料・ファイナンシャル・プラン作成1万円」の特典サービス券をお持ちでした。Aさんの相談の経過と相談に関して発生した収益は次のとおりです。

① 初回無料相談

　相談内容をヒアリング。住宅購入に充てる適正予算を知りたいとのことからキャッシュフロー表作成を提案。収入、支出、預貯金を確認。

② 提案書を作成し提示　＜提案書作成料　10,000円＞

　キャッシュフロー表から適正予算算出に至った経緯を顧客と一緒に確認し、妥当な住宅価格帯を明示する。

　具体的な物件探しのために、不動産会社を紹介できることを伝え、了承が得られたので提携不動産会社を紹介。

③ 不動産会社との面談に立会い

　予算と物件に関する希望を伝える。

④ 紹介先の不動産会社で物件購入が決定、契約に立ち会い

　＜不動産会社から紹介料　20万円＞

　提携先の不動産会社と顧客紹介に関する契約を結んでいる。紹介料はケースによって仲介手数料の15%〜30%。

⑤ 住宅ローン、火災保険について相談

　＜火災保険のコミッション　10,000円＞

⑥ 住宅ローン融資が決定、新居入居後、再度キャッシュフローの見直しを実施

同時に、生命保険の見直しと教育費、老後資金の準備に拠出可能な金額を算出。つみたて NISA、iDeCo などを利用した長期投資を提案。

＜生命保険を見直した結果、新規契約のコミッション　　30,000 円＞

＜積立での投資信託購入によるコミッションも蓄積されていく＞

⑦ **顧問契約を締結**　＜年間顧問料　30,000 円＞

運用相談、家計相談など定期的に実施

＜Ａさんの相談からの収益＞

①**顧客からのフィー**

　　　　相談料　　10,000 円

　　　　顧問料　　30,000 円／年

②**コミッション・紹介料（保険、不動産）合計**

　　　　　　　　240,000 円

　　　　　　　　　　　　　　　　　　　　　　　　　

　　　合計　　280,000 円

　このように、ファイナンシャル・プランを作成することで、顧客の全体像が把握できるうえ、その間に顧客との信頼関係が構築でき、当初の問題だけでなく様々な相談が出てきます。資産運用に関しては、保有資産額や顧客の意向などによって不動産投資を提案することもあります。提携先の不動産会社で投資物件が成約した場合、物件価格の 30％という大きな紹介料が得られることもあります。

ＦＰビジネスの可能性

　私が独立したばかりの頃、先輩のＦＰの方から「ＦＰはサラリーマンなんかよりずっと稼げる仕事だよ」と言われました。その説明は次のとおりです。

　＜“稼げるＦＰ”の構図＞

①毎月５件の新規の相談を受ける。→　年間 60 件

②毎年の新規相談者のうち 30％が顧問契約を結ぶ。

　→　年間 18 件の顧問客獲得

③15 年間ＦＰ業務を続けると、顧問客数 270 件

④１顧問客あたり、平均 100 万円の収益とすれば、15 年間の収益は

　2 億 7,000 万円

　具体的にイメージすると…

　50 歳の主婦がＦＰとして独立。

　15 年後の 65 歳時点では３億円弱のお金と定年のない、やりがいのある仕事が手に入っている。

---

　15 年で２億 7,000 万円！　独立ＦＰは 15 年間でサラリーマンの生涯賃金以上の金額を稼ぎ出すというのです。これは先輩が私を励ますために話してくれた理想形だと思いますが、顧客に「相談料１万円です」と料金を伝えることすらやっとだった私には、まったくの夢物語でした。

　約５年の経験を積んだいま振り返ってみると、やり方によっては実現できる数字かもしれないと感じます。実際のところ、毎月５件の新規の相談を受けるというのは、顧客開拓の面でも、プラン作成の仕事量の面でも、非常に厳しいものです。ただ、私自身も１カ月に５件以上の顧客の相談を受けたことはあります。それを継続し、着実に顧問客化することができれば、収益の基盤が固まってくるのだとわかりました。

「1顧問客から平均100万円」という収益も、一度に100万円と考えると非常にまれなケースに思われますが、顧問客との長いお付き合いを考えると実現不可能な領域ではないかもしれません。顧客の資産が増えていくにつれて運用金額も増え、運用商品のコミッションも蓄積されていきます。住宅を購入したり、相続が発生したり、節目ごとに相談を受ければ、その都度相談料や紹介料が発生します。

　ただし、このビジネスモデルは保険代理店及び金融商品仲介業者に所属し、金融商品を販売できることが前提です。私は現在、FPアソシエイツ＆ファイナンシャルサービシズ株式会社に所属し、保険や証券の提案は同社の社員として行なっています。独立FPが「FPの6ステップ」を全うするためには、幅広い商品としっかりしたサポート体制を備えたビジネスプラットフォーム提供会社が必須です。独立してファイナンシャル・プランニングを業とする中で、そのことを痛感しています。

　顧客の人生の夢を叶えるお手伝いをして、顧客から感謝され、その対価である収益も付いてくるとしたら、ファイナンシャル・プランナーほど素晴らしい仕事はないと確信しています。

資産運用ニーズからの相談

菊池弘美（きくち・ひろみ）
保有資格：1級ファイナンシャル・プランニング技能
士、ＡＦＰ、証券外務員一種・二種

青山学院大学文学部英米文学科卒。大手エンジニアリ
ングメーカーに役員秘書として勤務した後、結婚を機
に退職。専業主婦を経て1992年から都市銀行プライ
ベートバンキング部で、富裕層向け提案書の作成等を
担当しました。1999年、別の都市銀行に移り、2017
年に定年退職するまでコンサルタントとして勤務。金
融機関における資産運用アドバイスのキャリアは約
25年に及びます。現在はＦＰサロンさいたま新都心
のメンバーとなりＦＰ業務に携わっています。

ＦＰ業務との出会い

　私がＦＰ業務に出会ったのは二十数年前、都市銀行で富裕層関連の仕事を
していた時でした。その銀行のファイナンシャルアドバイザーをしていた方
に勧められ、ＦＰ資格を取ったのが始まりです。その後、投資信託や保険の
銀行窓口販売が始まり、銀行におけるコンサルタントの業務内容は相談業務
というより、販売中心になっていきました。ＦＰ資格取得のための勉強で得
た知識は役に立ちましたが、本来のＦＰ業務を実践する機会はありませんで
した。

　転機が訪れたのは2017年7月に銀行を定年退職した後です。失業給付を
受給しているときに、一足先に独立系ＦＰとなった方からＦＰサロンさいた
ま新都心（以下ＦＰサロン）を紹介されました。独立開業を考えていたわけ
ではありませんが、ＦＰ資格と銀行での経験を活かすことができるチャンス
だと思いました。亀のようにゆっくりしたペースではありますが、独立系Ｆ
Ｐグループのメンバーとして活動を続けながら現在に至っています。

　銀行勤務時代、富裕層や取引先社長のコンサルティングも業務の1つでし

たので、ＦＰの個別面談に抵抗はありませんでした。一方、セミナーの講師は苦手でした。運用会社や保険会社の方に商品のセミナーを開いていただくことはあっても、自分が講師をすることはなかったからです。ＦＰサロンでは毎月、無料セミナーを開催しており、メンバーが交代で講師を務めます。私もいつまでも講師は苦手だと逃げてはおられず、2018年12月7日、さいたま新都心で講師デビューをしました。資料づくりや当日の運営などに大勢の皆様のお力をお借りしてなんとか90分のセミナーを成功させることができました。そのとき来てくださったお客様とは今でも親しくお付き合いしています。

　企業系ＦＰと独立系ＦＰとは全く違います。企業に属していると、企業の利益のために貢献しなくてはなりません。ただし、企業から常に最新の情報が与えられ、それをお客様にもお伝えすることができます。お金のかかったきらびやかなパンフレットやチラシを使用することもできます。それに対して、われわれ独立系ＦＰは、紙1枚、封筒1枚さえ自分で用意しなくてはなりません。その代わり、お客様の利益のためだけに行動できるので、一人ひとりのニーズに沿った提案ができます。長い間、金融機関でコンサルタントを務めてきた私には、その違いの大きさがよくわかります。

　金融機関から独立系ＦＰに立場が変わったいま、ようやくＦＰ資格の勉強で学んだことを実践できるようになりました。お客様が幸せな人生を歩まれるために、これからも頑張っていきたいと思っています。

資産運用〜知識の伝達方法

　資産運用に限らず、ＦＰに関する知識の伝達の方法として、セミナー、個別面談、メルマガ、書籍などがあります。そして、それぞれ特徴があります。

　セミナーの場合、対象は不特定多数の方で、事前に会場・チラシ・講師用写真などの準備が必要です。当日は時間内に収めるためにタイムキーピングが重要となります。私の場合、どちらかというとセミナーは不慣れで、初めて講師を務めたときは非常に緊張しました。90分間、話し続けてセミナーを終えたときはとても嬉しかったです。

　セミナーでの伝達のポイントは、パワーポイントで作る資料と事前の練習

です。何回か実際に話しながら練習しないとぴったり時間内に終わりません。来てくださった方の時間を無駄にするわけにはいかないので、長すぎるのはNGですし、早く終わりすぎるのも締まらない感じがします。

　内容については、来場者はテーマに関してあまり詳しくない方が多いので、それほど高度なことは要求されません。伝えたいことを明確にし、それを時間内に確実に伝えること、つまり時間管理やわかりやすさのほうが大切です。その場で答えられない質問が出た場合は、連絡先を聞いて後日回答すればよいのです。

　個別面談のお客様は特定の方で、面談場所やより詳しい資料が必要になります。私は金融機関で相当な数のお客様と面談してきたので、個別面談の場数は踏んでいます。

　FPサロンさいたま新都心では「初回面談1時間500円」という"ワンコイン相談"を行なっています。こちらは比較的若い相談者が多く、なかなか2回目につながっていないのが実情です。最近は年金への不安もあって、若いうちからしっかりと資産形成を考えている堅実派も多く、500円で情報だけもらいたいといったところでしょうか。2回目につなげる努力と工夫を行なっていきたいと思います。

　個別面談では限られた時間内に現状分析とある程度の今後の方針の策定をしなくてはなりません。"ワンコイン相談"はネットからの申し込みなので、年齢・性別・相談内容がわかります。申込時の情報から、関連する資料を準備して面談に臨みます。初回面談時によく使う資料は、ご相談シート、金利・期間別ローン返済表、生命保険に関する一般的な資料、運用に関する一般的な資料等です。お客様の詳しい情報や相談の背景については実際にお会いしてからヒアリングしますので、初対面で信頼関係を築き、いかに本音の情報を引き出すかが面談のカギとなります。ヒアリングした情報をもとに、その場で現状の見立てと方針の策定ができるようになるには、ある程度の経験が必要だと思います。FPサロンさいたま新都心では、最初はベテランのFPと一緒に相談を受けるOJTも行なっています。

　メルマガや書籍は非対面なので気が楽なところがある反面、文字で残るた

め内容や表現には慎重になります。うろ覚えで書いて間違ってしまうといけないので、不安な箇所は必ず調べて確認をするようにしています。ＦＰサロンは都内の住宅関係のコンサルティング会社のサテライトオフィスになっており、その会社の顧客向けメルマガを持ちまわりで執筆しています。メルマガは若い世代にも読んでもらえるので、積極的に投稿するとよいでしょう。どちらかというと軽いタッチで読んでいただきたいので、題材は話題性のあるものを選ぶことが多いです。

　以上がＦＰに関する知識の主な伝達方法です。運用の必要性を説いていくこともわれわれＦＰのミッションの１つだとするならば、初めは苦手だと感じる手段にも継続して取り組み、お客様との接点を増やすことが大切だと思います。

　それぞれの伝達方法からご相談に結び付いた事例をいくつかご紹介します。その前提として、現在の私のビジネススタンスをここで明示しておきます。

[資産運用に関する
一般的な資料の例]

つみたてＮＩＳＡ早
わかりハンドブック
（金融庁ＨＰより）

基礎から学べる金融ガイド
（金融庁ＨＰより）

ＦＰ業務のスタンス

　私は保険代理店や金融商品仲介業者に所属しておらず、士業の資格も持っていません。資産運用のアドバイスにおいては、具体的な商品の提案や商品説明、申込みの受付や契約はできないのです。現在の私の業務範囲はＦＰの本業であるライフプラン作成や家計診断のコンサルティングであり、アドバイスした内容の実行の段階では専門家を紹介する形をとっています。金融機関、保険代理店、証券会社などはお客様の取引があるところを優先し、特に取引をしているところがない場合は、提携している会社や士業、私の出身行などを紹介しています。

セミナー参加者からの相談事例

　参加者にとってセミナーは、個人情報を伝えることなく自分の関心のある事柄について専門家から情報を得ることができるのがメリットです。そのため、「個別相談はハードルが高いけれども、ちょっと話を聞いてみたい」という潜在顧客に出会うチャンスです。

　積立運用のセミナーがきっかけで個別相談に来られた方の事例をご紹介します。

　相談に至った背景として、きっかけとなったセミナーについてまとめておきます。テーマは積立運用でした。セミナー時間は90分ですが、はじめと終わりの主催者あいさつが5分ずつ10分、途中休憩が10分、私の持ち時間は正味70分です。それを20分、25分、25分の3部構成とし、内容は①銀行の積立定期預金、②積立投資信託、③平準払い個人年金保険としました。

　話す内容はお客様のニーズや投資経験を考慮して決めますが、一般募集のセミナーの場合、当日までどのような年齢層の方が参加されるか読めません。年齢もニーズもわからないままレジュメを作るのは難しいので、このセミナーは比較的知識も経験も浅い方を想定して準備しました。レジュメの他

【つみたてNISAに関する資料の例】（金融庁HPより）

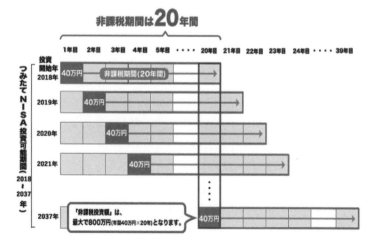

に7〜8枚の添付資料もつけました。添付資料は著作権を考慮し、できるだけ金融庁等の公的な機関のものを使います。使った資料は金融庁のNISA関連、投資信託の格付け評価会社発行のファンドランキング、運用会社発行のウィークリーレポートなどです。

　質疑応答ではNISAの制度や実際に購入するファンドに関する質問がでましたが、あらかじめ準備してあった資料を使って回答しました。
　セミナーから個別面談に結びつけるため、後日使用できる「個別面談1時間無料券」を配布したところ、70歳の女性から連絡がありました。その方の属性と相談内容は次のとおりです。

70歳　女性　主婦
株式と保険商品による運用経験あり。
月々5万円以内で積立型の商品を検討したい。
普通預金に入っている300万円の運用をどうしたらよいか。
投資期間は5年程度を希望。

---

(1) 初回面談〜現状把握と対策

　初回面談では、まず相談にこられた事情などをヒアリングし、ご希望を整理しました。

＜ご希望事項＞
①内容をよく理解できないまま契約した某社の年金保険を解約したい。
②70歳という年齢と、5年前に大きな病気をしたので、長期の運用は考えたくない。できれば5年程度を希望。
③年金が月5万円入ってくるがそのままにしている。月々5万円以内で積立運用をしたい。
④300万円の運用についてはある程度リスクを取っても増やせる運用をしたい。
⑤現在の共済の保障では不十分なので、医療保険を検討したい。
⑥再建築不可で築50年の自宅をなんとかしたい。

　ここで問題となるのは、5年という運用期間のご希望です。5年で結果が
でるものはほとんどありません。運用実績の資料をお見せしてご説明しまし
たが、お客様の意思は固く、「5年後の元本保証はなくてもよいから、5年
間を前提とした運用を」ということでお客様と私との二人三脚はスタートし
ました。

　初回面談のコンサルティング内容は次のとおりです。

> ①内容を理解せずに契約した年金保険の証券診断～元本割れはしていな
> い
> ②積立型商品の基本、一般的説明～平準払い個人年金保険、積立投信
> ③がん・医療保険の現状把握～共済の保障は入院日額が低く、終身の保
> 障はなし
> ④300万円一括運用の基本、一般的説明～保険商品、投資信託
> ⑤不動産についてはご主人と共有名義であり、ご主人の同意を得られて
> いないため、今回は見送り

　現在お持ちの保険商品の状況とご希望を踏まえた対策として、運用商品選
びの方針をご説明し、ご理解いただきました。次のステップでは、具体的な
商品を提案することになります。私の場合は、必要に応じて提携先を紹介し
なくてはならないため、どこで商品を購入するのがよいか、お客様のご希望
を確認しました。運用商品については、お客様はパソコンの操作があまり得
意でないとわかり、ネット証券ではなく手厚く面倒をみてくれる銀行の窓口
でNISA口座を開くことにしました。保険代理店に関しては「過去の契約
に納得していないので、FPサロンさいたま新都心が提携しているところを
紹介してほしい」ということでした。

(2) 2回目面談～問題解決準備

> ①金融機関紹介～金融機関にてNISA口座開設
> ②保険代理店紹介～保険代理店より個別具体的な商品提案

　２回目の面談では、お客様の口座のある銀行の窓口に同行し、NISA口座を開設するとともに、提携先の保険代理店を紹介し、担当者から具体的な保険商品の提案を行ないました。

(3) ３回目面談～金融機関及び保険代理店を通して商品の申し込み
　お客様は私のアドバイスを参考に、次の商品を申し込まれました。

①積立投信　NISA口座で米国リート・世界株各１万円
　月々５万円の年金収入の範囲で積立商品を探して欲しいというご希望でした。米ドル建て平準払い個人年金も検討されましたが、「NISAを利用したい」ということで積立投信を選択されました。今のところ手を付けていない余裕資金であるため、元本割れは許容できます。「できるだけ面白いのがいいわ」とおっしゃって、USリートと世界株の２つのファンドを毎月１万円ずつ購入することにしました。
「月々５万円以内」という予算でしたが、新たに医療保険に加入することも考慮し、残りは予備資金として残しておきました。

【毎月２万円を想定利回り3%で５年間積立てた場合】
最終積立金額1,292,934円（金融庁HPの資産運用シミュレーションより）

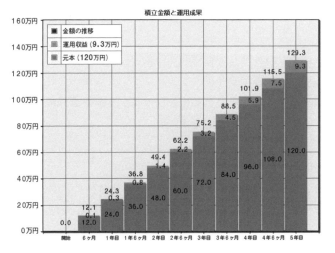

②5年満期米ドル建て個人年金保険　300万円

　解約を希望されていた個人年金保険については、ご自身でコールセンターに電話され、元本割れしていないことを確認の上、解約されました。300万円の運用については、解約した年金の代替にもなると考え、米ドル建て個人年金保険を候補にしていました。最終的には、年金として取り崩して使うよりも増やしたいというご希望に沿って、ターゲットレートを設定できるタイプを申し込まれました。運用期間5年で手数料も安く、よい選択であったと思います。

③医療保険　日額1万円

　共済の医療保険の証券診断をしたところ、日額も低く、終身保障ではありませんでした。代理店と相談の上、がんは別契約でなく、特約でカバーすることにしました。

（4）ＦＰの収益と今後の方針

　この相談では、2回目以降の相談に対してトータルで1万円の相談料をお客様からいただきました。

　私がセミナーでお話しした積立を実行したいというご希望から相談が始まり、運用期間と金額を絞った上でのご相談であったこと、契約の経緯に不満のある年金保険の解約について急いでＦＰの意見を求めておられたことなどの状況から、短期間のうちに商品の契約まで進みました。直面している問題を解決することでお客様との信頼関係を築くことができたと思います。今後の課題としては、お客様の今後のライフプランと資産の全体像を把握したうえで100歳まで安心できるファイナンシャル・プランを作成し、不動産の件も解決していきたいと考えています。

提携団体の無料相談からの事例

　ＦＰサロンさいたま新都心が提携しているＪＣＰＦＰでは、50代前半の公務員向けにライフプラン相談会（無料相談）を行なっています。そこから有料の個別相談につながった事例をご紹介します。

属性と相談内容は次のとおりです。

> **52歳女性　公務員　55歳で早期退職予定**
> 大分県在住の父親が親から相続した山林を所有しているが、共有者もいて名義書き換えを行なっていない。どうしたらよいか。
> 株式、保険商品の投資経験あり。
> 個人年金保険と医療保険の見直しを希望。
> 運用期間：長期運用可。

相談のメインテーマは、お父様が大分県で所有されている山林の名義書き換えでした。それに関してはその場で有効なアドバイスはできませんでしたが、面談を進めるうちに他にいくつかのニーズがみつかりました。

> **＜無料相談会で見つかったニーズ＞**
> ①内容が理解できていないまま契約した年金保険のことが気になっている。
> ②医療保険がかなり前に契約したものなので、見直しをしたい。
> ③NISAに関心があるが、まだ口座を開設できていない。

無料相談会の相談時間は1人当たり約30分しかないので、日を改め、山林のことについて回答し、NISA口座を開設するお手伝いをすることにしました。

(1) 初回面談

初回面談では次のお話をしました。

> ①山林の名義書き換えについての回答
> ②NISAの仕組みと口座開設に関する基本的説明
> ③個人年金保険の証券診断
> ④医療保険の証券診断

その結果、方針が決まりました。

---

①**山林の名義書き換えについて**

山林は現在、父の母（相談者の祖母）の名義になっており、名義書き換えにはお金と時間がかかるため、退職後に着手する。

②**NISA 口座の開設について**

銀行や証券会社に行く時間がとれないので、ネット証券で口座を開設し、NISA 口座で株式投資信託を購入する。提携している金融商品仲介業者がネット証券と契約しているので紹介する。

③④**個人年金保険と医療保険について**

現在の年金保険は増えるタイプのものではないため他の商品を検討する。医療保険も契約時から状況が変化しており、現在の状況に合ったものに見直す。付き合いのある保険代理店はないので、ＦＰサロンさいたま新都心の提携先を紹介。

---

(2) 2回目面談

2回目の面談では、提携先の保険代理店と金融商品仲介業者を紹介し、NISA口座開設の手続きとお客様に提案したい商品の説明を行ないました。

お客様は私のアドバイスを参考にされ、次の商品を申し込まれました。

① NISA 口座の開設と株主優待株の検討

ネット証券の口座開設は、ネットから申し込みをすればご自身でもできますが、まだ現役でお仕事をされている日常の中で、つい後回しにしていたそうです。NISA 口座ができたら、株式投資信託か株主優待株を購入したいと希望されています。

②米ドル建て終身保険2商品　1,000 万円

契約中の個人年金保険は元本を取り崩して受け取るタイプでした。「現在収入もあり、当面年金のニーズはないので、少しでも増えるもので運用した

い」というご希望を受け、死亡保障が増加するタイプのものと、毎年金利分の定期支払金を受け取れるタイプのものとを提案しました。その結果、それぞれ 500 万円ずつ申し込みをされました。米ドルの金利の高さ (2019 年当時) に魅力を感じたそうです。

③医療保険　日額１万円

　医療保険はかなり前に契約した古いタイプのものでした。医療保険は医療事情の変化とともに、商品内容が変化しています。新たな商品にがん特約を付保し、入り直すことになりました。

（3）ＦＰの収益と今後の方針

　この相談は、もともとが無料相談会、その後の個別面談も継続内容については無料という前提なので、お客様からの相談料はありません。

　お客様の口座残高を把握できている銀行の窓口と違い、われわれＦＰは最初からお客様の余裕資金が見えているわけではありません。相談会でお話をしている中で、山林の名義書き換え問題の裏にある色々なニーズが見えてきました。ＦＰの役目はお客様のお話をしっかり聞いてさしあげ、隠れたニーズを掘り起こしてあげることだと思います。お客様は、何とかしなくてはいけないと思いながら先延ばしになっていた NISA 口座の開設や、保険の見直しを実行することができたことを喜んでおられました。

　今回の相談で、お客様がいま気になっていることには対応できました。退職時期が近づいたとき、改めてリタイアメントプラン（退職後の生活設計と退職金運用）を作成し、アドバイスしたいと考えています。

メルマガの読者からの相談事例

　知識の伝達方法としてセミナー、個別面談、メルマガ、書籍などを挙げましたが、メルマガや書籍から問い合わせがあるのは非常にまれなことです。知り合いがたまたま私のメルマガを読んだことがきっかけで、退職金運用の依頼につながった事例がありました。

属性と相談内容は次のとおりです。

---

59 歳　男性

退職金 2,000 万円の運用についてアドバイスがほしい。

投資経験なし、ローリスク・ローリターン志向。

運用期間：長期運用可。

事前にお電話でお話しした情報から、考えられるニーズとして次の点がわかりました。

---

①退職金 2,000 万円の安定運用を希望

②生活費を奥様より多く拠出しているので、先に資金が枯渇する恐れあり

③医療保険をすべて解約してしまったが、先進医療だけは心配

---

(1) 初回面談

　まず、個人向け国債、退職金定期預金、投資信託、保険商品など代表的な運用商品の基本と概要をご説明しました。「ノーリスクの退職金定期から始めて、満期になった後に本格的な運用を考えたい」というご希望だったので、金融機関を一緒に訪問することにしました。

(2) 2回目面談

　ご自宅近くの金融機関2社を一緒に訪問しました。退職金定期預金満期後の運用先として、両社とも申し合わせたように投資一任運用商品であるラップを勧めてきました。銀行出身の私は、「他にもたくさん投資運用商品があるのに、なぜお客様のニーズに合ったものを提案しないのだろう」と、とても不思議な感じがしました。コンプライアンスがどんどん厳しくなっているので、元本割れした時の責任逃れがしやすいのでしょうか。

　投資信託、保険商品など取り扱っている運用商品を一通り説明してもらいました。結局、いま資金が入っている銀行で、3カ月の退職金定期預金 2,000 万円を申し込みました。

(3) 3回目面談

　退職金定期預金が満期になる時期に合わせて、3回目の面談を行ないました。この方はインターネットの操作にも慣れておられるので、次の運用に備えてご自身でネット証券に口座を開くことになりました。NISA口座について基本的な事項をご説明し、先進医療保険を単独で扱っているネット保険会社のサイトをご紹介しました。

①ネット証券及びNISA口座開設に関する一般的なご説明
②ネット保険会社のサイトをご紹介〜先進医療保険契約

　お客様は私のアドバイスを参考に、以下の商品を申し込まれました。

①株式 200万円相当

　奥様が長年にわたり株式の売買をされており、今後は奥様のアドバイスを参考に株の売買をしていくそうです。

②個人向け国債　1,000万円

　運用商品の候補として投資信託や外貨建て保険を挙げていましたが、検討した結果、今は購入時期ではないと判断し、キャンペーンのキャッシュバックを狙って個人向け国債を購入されました。投資信託や為替の動向等をみて運用商品を検討したいので、良いタイミングがあれば連絡してほしいとのことでした。

③先進医療保険　月々500円

　年齢的にはまだ安く入れる医療保険はあるのですが、比較的最近、すべてのがん・医療保険を解約したばかりなので、とりあえず先進医療だけの保障がほしいという結論でした。

(4) 今後の方針

　このご相談に関しては、残念ながら今のところ収益は得られていません。

しかし、このお客様は他にもかなり余裕資金がありそうなので、適宜マーケットの状況を連絡し、フォローしていきたいと思います。また、ご夫婦の家計管理の面で問題点が多いような気がします。近いうちに、退職後のライフプランについて詳しくお聞きして、きちんとファイナンシャル・プランを作成しようと思っています。

独立系ＦＰとしての現状と今後

　銀行では時間を提供する代わりにお給料をいただいていました。独立系ＦＰとなって、お客様からお金をいただくのは本当に大変なことだと感じます。独立ＦＰの収入には、相談料や顧問料などお客様からいただくフィーと、商品販売や紹介から生じる手数料（コミッション）とがあります。手数料は、提携先との決め事で合意した金額をいただきますが、フィーに関してはＦＰ業界には基準となる料金体系が存在しません。お客様の資産額も、相談内容も、アドバイスにかかる労力もケースによって全く違いますし、相談の開始時点で正しく見積もれるものではありません。自分の相談料をいくらと提示すればよいのか、たとえ１万円であってもその価値を認めてもらえるだろうか、といつも迷い悩んでいます。

　告知の媒体も日々試行錯誤です。今は確かにインターネットの時代ではありますが、お客様の中にはネットが苦手な方もいらっしゃいます。昔ながらの泥臭いやりかたも時にはありではないでしょうか。あまり偏らず、色々なものを試してみようと思います。

　資産運用相談に関しては、マーケットは日々動いており、株式、為替など世界のマーケットの状況に気を配っていなければいけません。企業に属していれば、常に新しい情報が手に入りますが、独立系ＦＰになって自分自身で情報収集しなければならないのは大変だとわかりました。まして個人のお客様が自分の力で金融経済情報や商品情報を集め、理解することは非常に困難なことだと思います。世の中から取り残されてしまう人が１人でも少なくなるように、セミナーによる資産運用の知識の啓蒙や個別相談を継続していきたいと思っています。

資産運用ビジネスの重要性

　ご紹介した事例は、いずれも収益としては大きなものではありませんでした。しかし、ＦＰとして手数料（コミッション）を確保できる基盤、すなわち金融商品仲介業者や保険代理店に所属して証券外務員や保険募集人として活動できる資格や体制を固めることができれば、やがて毎月50万円のコミッションを確保することは十分に可能です。

　ＦＰ業を続けていくと、徐々に顧客とその預かり資産が蓄積されていきます。金融商品仲介業者と証券外務員として契約をしていると、顧客が保有している投資信託について、信託報酬（運用管理費用）の一定割合が毎月コミッションとして支払われます。投信運用会社が得る信託報酬の一定割合が仲介業者に支払われ、さらにその何割かが外務員であるＦＰの収入となる流れです。

　最初はごくわずかな金額ですが、投資信託の預かり資産20億円を確保できれば、何もしなくても信託報酬分やお客様自身による購入手数料で毎月50万円くらいは入ってきます。運用相談を積み上げていけば、独立から15年後には年商1,000万円～1,500万円を確保できるビジネスとなるでしょう。

保険ニーズからの相談

近江佳美（おおみ・よしみ）
株式会社保険のウインズ所属
保有資格：ＡＦＰ、２級ファイナンシャル・プランニング技能士

ＦＰ資格に興味を持ったことがきっかけで生命保険会社に就職しました。ＦＰを志向しながらも生活基盤としての保険営業の仕事は捨てきれず、乗合保険代理店に転職。現在は損害保険９社、生命保険８社を扱う代理店に所属し、保険営業の付加サービスとしてファイナンシャル・プランニングを行なっています。

保険営業とＦＰ

　私は現在、保険の乗合代理店に所属して保険営業の仕事をしています。ＦＰ資格がきっかけで保険業界に入り、30年近く保険営業の第一線で働いてきました。独立ＦＰではありませんが、保険商品を介してお客様と長くお付き合いしながら、人生設計をサポートしています。

　独立ＦＰの中には、保険の実務をご存知ない方も数多くおられます。ファイナンシャル・プランニングには保険商品を使ったリスクマネジメントが欠かせません。保険商品で資金を運用することが有利なケースもあります。ＦＰサロンさいたま新都心では、保険募集人の資格を持たないメンバーから紹介を受けて、そのＦＰの作成したファイナンシャル・プランに沿って最適な保険を提案します。保険を熟知し、ＦＰを理解している私がお手伝いできることは多いと考えています。

ＦＰ資格との出会い

　私がＦＰ資格を取得したのは2000年の２月でした。資格取得を思い立ったのはそれより７年ほど前、神奈川県から埼玉県へ引っ越し、仕事を探して

いたときです。なにか資格を取ったほうが良いかなと思い、書店で資格を紹介する本を立ち読みしていたところ「ＦＰ」の２文字が目に入りました。この珍しい名前の資格について調べてみると、なかなか面白そうな内容で興味を惹かれました。

　たしか資格取得にかかる費用が30万円を超えていたと記憶しています。当時は訓練給付金の制度もなく、ちょっと高いなと思いました。そこで、保険会社に入ればＦＰの勉強にもなるし業務の中で資格取得のチャンスもあって一石二鳥だと考え、保険の営業の仕事に就きました。

　入社後しばらくは、保険という商品の魅力や営業という仕事の面白さで仕事に打ち込んでいましたが、営業テクニックが身についてくると少し違和感を覚えるようになりました。「このお客様にはＡというプランが良いけれど、会社の指示通りにＢプランを選択するように誘導することもできる…」と迷いを感じた時、これは自分のやりたいことではないと気付いたのです。私は原点に立ち戻りＦＰ資格の取得を目指しました。ＦＰの勉強では幅広い知識を学ぶため、生活の中で生かせることも多く、とりわけ社会保障制度の知識は仕事の上でも大いに役立ちました。

　幅広い分野の知識を得たことで顧客サービスの向上につながり、お客様からの信頼も増していきます。私の場合、お客様はほとんどサラリーマンで、社会保障や税金のことを聞きたくても、ふだん社会保険労務士や税理士と話をする機会はありません。その点、保険の営業担当でしばしば顔を出す私が、「ＦＰ資格も持っているのでなんでも相談にのりますよ」と言うと、気軽に相談してくれるようになりました。

　ただし、給与収入は次第に減っていきました。「成績になる仕事よりもお客様のためになる仕事をしたい」という私の希望は、しばしば上司との意見の相違を生むようになったからです。「専業主婦の経済的価値を考えると、昔の終身保険（配当金付き予定利率が5％を超える）を転換して掛け捨ての5,000万円の死亡保険にしたほうがお客様のためになる」と朝礼で職員に力説をしながら、裏では「自分の家のお宝保険は絶対転換しない」などと言っている管理職の声を耳にするたびに、私の中では「お客様のために、できうる限り公平中立な仕事をしたい」という思いがますます強くなりました。し

かし、会社を辞めて社会保障や企業年金を失えば、老後の人生設計が不安定になることは間違いありません。しばらく悩みましたが、保険会社を退職し、複数の保険会社の商品を扱っている乗合代理店で働くことを選択しました。

転職して良かったと思うのは、まず自分の思いに反した仕事をしているというストレスから解放されたこと、そして仕事の幅が大きく広がったことです。

乗合代理店では、複数の保険会社の商品から一人ひとりのお客様に合う保険を選んであげることができます。勤務している保険会社の商品しか案内できないという制約がなくなり、心からお客様のために商品をおすすめできるようになりました。

また、代理店にはメインの保険営業の仕事のほかに、ＦＰの知識を活かした仕事もたくさんあります。住宅メーカーと組んだライフプラン作りのお手伝い、住宅ローン選びのアドバイス、ライフプランに関連したキャリアコンサルティングなど多種多様です。貸金業務取扱主任者をとれば実際に住宅ローンを取り扱うこともできます。

そのような意味で、私はいま保険代理店においてしっかりとファイナンシャル・プランニングを実践しています。ＦＰの知識を身に付けることで、いろいろな仕事に繋がっていくのは、大きな魅力と言えるでしょう。私にとっては、なによりＦＰ資格が一生モノの仕事に出会うきっかけとなりました。

保険商品の変化

生命保険は自動車保険などの必要保険とは違い、それぞれのお客様の生活環境や考え方で選択肢が大きく変わります。また加入時期や、加入年齢によって保険の選び方も違ってきます。

かつて保険会社の予定利率が6％（昭和60年度～平成元年度）であった時期は、保険期間10年の養老保険が満期時には払込保険料の倍になり、安全で確実なお金の増やし方として多くの方が養老保険に加入しました。しかし、バブル崩壊後急速に予定利率が下がり、保険会社は貯蓄性の高い保険ではなく、多種多様な保険種類の開発に力を入れるようになりました。

　次の表の標準利率とは、金融庁が保険会社に対して保険金の支払いを確実
にするために設定している運用利回りです。保険料は「予定利率」「予定死
亡率」「予定事業費率」などによって決まります。予定利率が高いと保険料
は安くなり、予定利率が低いと保険料は高くなります。死亡率が下がると死
亡保険の保険料は下がります。また予定事業費率は保険会社によって大きく
変わります。

標準利率の推移

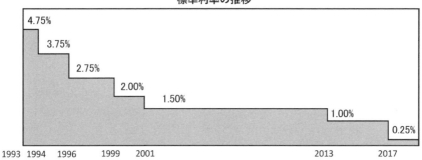

　近年は予定利率が低いため保険料が高くなり、一時払終身や養老保険、個
人年金などの貯蓄性のある保険を販売停止にした保険会社もありますが、外
貨建ての保険を販売する保険会社もあり保険種類は増えています。

事例1　2008年3月1日契約のお客様

> **＜Aさん プロフィール＞**
> 大手電機メーカー勤務　33歳　男性
> 結婚1年目　住宅未取得（実家に入る予定）

＜生命保険提案までの経緯＞

　所属代理店がAさんの勤務先企業でセミナーを開催しており、新入社員
のときから様々な情報提供を通じて人間関係を構築。Aさんは「生命保険
の基礎知識」「公的年金・社会保険の仕組み」など複数のセミナーに参加し、

生命保険を検討する際にはライフプランをもとに考えることが大切であると
理解していた。

「結婚するまでは保険は不要」との強い意志を持った方で、ある日「結婚を
したので保険のプランニングをして下さい」と申し出があり、保険の提案を
することになった。

　知り合ってから提案まで、実に8年以上の時間を要した。

＜Ａさんの要望＞

・結婚1年目なので妻はまだ仕事をしているが、希望としては翌年には第1
子をもうけたい。子供のことも考慮して、ある程度の保障額が必要と考えて
いる。

・セミナーで定期タイプの保険と終身タイプの保険の違いは十分理解をして
いるが、終身にすると当初の保険料が高くなるので払える範囲で提案してほ
しい。

＜具体的な提案＞

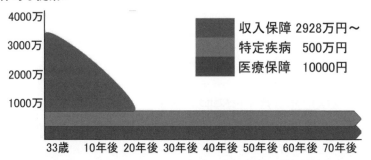

	① 収入保障	② 特定疾病	③ 医療保障
保険期間	22年間	終身	終身
払込期間	保険期間と同じ	65歳	65歳
保険金額	10万円（25%逓増）	500万円	日額1万円
保険料	3,090円	11,115円	6,090円

① 翌年お子様が誕生することを前提に、必要保障期間はお子様が大学を卒業するまでの23年間。期間が少し足りないが死亡保険は他の保障で補うことができるので無理なく払えるように55歳払込満了を選択。

　保険金額は貯蓄等と遺族厚生年金で不足する分を補う金額。妻の退職や、年齢とともに支出額が増えることを見越して保険金額逓増型を選択。

② 死亡原因としてがん、脳卒中、心筋梗塞の三大成人病が日本人に最も多い病気なので、一時金で給付を受けられる特定疾病保障を提案。終身タイプは払込満了後数年で解約返戻金が払込相当額程度になるので、三大成人病ではなく他の病気でまとまった金額が必要になった場合の資金にも充当できる。無駄のない加入方法であるが保険料が高いため、終身ではなく65歳までの定期タイプにするか、保険期間について少し迷った様子だった。

③ 1入院60日型、生活習慣病は120日間に延長、高度先進医療（当時の名称）、手術給付金は、がんの根治術40倍・白内障20倍・虫垂炎切除10倍など手術の内容に応じて倍率が決まる。できる限りシンプルな内容にし、数十年後もお客様が混乱しないよう特約は最小限に設計。

＜その後のフォロー＞

　Ａさんとは提案までに約8年という十分な時間をかけて人間関係ができており、保険に対する考え方もよくわかっていたので、ほぼ当初の提案通りに決定した。

　お子様が生まれたら低解約終身で死亡保障を補いながら学資金の準備をする予定だったが、実際に生まれるとＡさんの親御さんが孫へのプレゼントとして子供学資保険を契約してくれたため、将来に備えた死亡保険金の増額は先送りとし、第2子誕生など次の節目に改めて考えることにした。

　実家に同居の予定なので、将来の親御さんからの相続に備える対策、実家の建て替えやリフォームなどが課題になってくると思われ、まさしく、ＦＰとしての経験と知識が発揮できる局面がやってくると期待している。

事例２：2012 年１月契約のお客様

> **＜Ｂさん　プロフィール＞**
> 大手電機メーカー勤務　33 歳　男性
> 結婚４年目　　子供２人
> 住宅取得済（ローン無）

＜生命保険提案までの経緯＞

　入社１年目に生命保険加入の相談を受けた。独身で新入社員なので、「安い掛け捨てで５年くらいの短期間の医療保険」を紹介してほしいとの要望で、入院、手術給付金のみの定期タイプの医療保険に加入。

　その後第２子の誕生を機に妻が離職したため見直しをすることになった。

＜Ｂさんの要望＞

・掛け捨ての医療保険はもったいないので数十万の保障は貯蓄で賄ったほうが良いと考える。

・妻は大きな死亡保障は不要だが、同様に医療費がかかる場合に役立つ保険を希望する。

・第１子のための資金は低解約終身で貯蓄をしているが、同様の保険があれば第２子のためにも加入したい。

＜具体的な提案＞

	① 収入保障	② 生前給付	③ 低解約定期	④ 特定疾病
保険期間	60歳	終身	100歳	終身
払込期間	60歳	65歳	49歳	65歳
保険金額	月々10万円	500万円	320万円	500万円
保険料	年払29,270円	年払134,465円	年払111,356円	年払142,010円

①掛け捨てではない死亡保険で必要な保障額を確保するためには保険料も高

くなる。できるだけ安く済ませるために収入保障を提案。保険期間は第2子が大学院に行くことを想定して60歳まで。保険金額は貯蓄等と遺族厚生年金で不足する分を補える程度の月々10万円。払い方は総支払額が平準払いより安く済む、5年ごとに保険料が逓減するタイプ。

②責任ある世代なので、生前給付保障はがん・心筋梗塞・脳卒中・死亡・高度障害が保険金額500万円。払込満了後数年で、解約した場合の解約返戻金が払込保険料相当額になるので無駄がない。多少高くても終身型を選択。

③第2子のために低解約定期で学資金を貯めながら死亡保障も320万円得ることができる。

④妻のための特定疾病保障。本人と同じ。

※いずれの保険も払い方を年払にして無駄な保険料を払わないように提案。

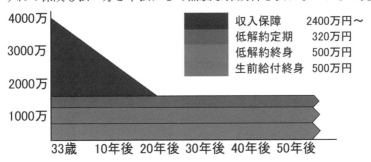

<次の課題>
　2人のお子様の教育費はそれぞれ保険で確保する予定だが、お子様の成長につれて将来の希望が決まってくると、具体的な進路にあわせてそれで十分か見直しが必要。
　住宅は建築後10年以上経過すると、思いがけない修繕費用が発生する可能性がある。住宅のメンテナンス、老後などを考慮して、積立による資産形成プランを提案したい。

事例3：2019年契約のお客様

> **＜Cさん　プロフィール＞**
> 大手電機メーカー勤務　32歳　男性
> 結婚5年目　　子供1人
> 住宅取得済（ローン有）

＜生命保険提案までの経緯＞

　結婚した時、取り急ぎ大手生保の定期タイプの保険に加入。「一括して何でもそろっているので深く考えなくてもいい。急いでいるときには都合が良かった」とのこと。しかし、担当者が頻繁に変わり、疑問や質問にもあまり答えてもらえない。

　ちょこちょこと疑問に答えているうちに、本格的に見直したいとの要望を受けた。

＜Cさんの要望＞

・就労不能になった時に役立つ保険が必要。現在の保険は特約がたくさん付いているが更新すると高くなるので保険料が上がらないようにしたい。

・終身の死亡保険は必要。

＜具体的な提案＞

・就労不能になったときは、保険会社によって内容がそれぞれ違うので、3〜4社の内容を確認してもらう。介護を含むか、7大成人病、5大成人病、メンタル疾患を含むか、身体障害状態は「国民年金法」又は「障害福祉法」によるものかなどを比較。給付金か保険料免除かも充分検討してもらう。

・予定利率がどの保険会社も低く、希望する保障を日本円で契約すると予算オーバーとなるので、予定利率の高いドル建ての保障を検討。どこまで円安になると円建てよりも保険料が高くなるかを確認。毎月の保険料支払時にドルを買う際にはドルコスト平均法の効果が期待できるため、予定利率の高いドル建ての保険を選択することは合理的な判断だと考えられる。

	① 収入保障	② 生前給付	③ 低解約終身	④ 医療保険
保険期間	60歳	終身	終身	終身
払込期間	60歳	60歳	10年	終身
保険金額	月々5万円	30,000ドル	50,000ドル	10,000円
保険料	年払36,885円	月払61.05ドル	年払1,939.10ドル	年払94,969円

①死亡・高度障害と身体障害状態（国民年金法2級）の就労不能特約を付加して、いずれの場合でも月々5万円の保険金が受け取れる。また7大疾病・就労不能の場合は払込免除。配偶者が仕事をしているため、死亡時よりも就労不能の時に給付金を受け取れる保険を選択。

②生前給付終身はがん・心筋梗塞・脳卒中・死亡・高度障害の他、介護・身体障害状態（障害福祉法3級）でも保険金が受けられる。外貨建てのため同じ保障内容の円建て保険と比べても保険料が安く解約返戻金も大きい。

③低解約終身保険はドル建て、10年間で払込みを終えるため貯蓄性が高い。払込満了の翌年には解約返戻率が100％になるので学資金としても使い勝手が良い。

④医療保険は健康還付金特則によって指定年齢に給付金を受け取っていない場合、全額保険料が戻ってくる。「健康に自信があるので、掛け捨てはもったいない。損をしない保険はないか」との要望があったので、健康還付金付きの医療保険を2社紹介。ただし、65歳で還付金を受取った後は終身払での継続になる。その後どうするかは65歳時に考える。

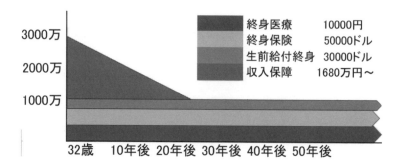

終身医療	10000円
終身保険	50000ドル
生前給付終身	30000ドル
収入保障	1680万円～

＜今後の課題＞

Ｂさんと同様、お子様の成長に合わせて現在のプランで教育費を賄えるか確認が必要。

住宅のメンテナンス費用、老後資金のためにも積立による資産形成プランを提案したい。

保険商品は経済・社会の変化に伴って変わる

　事例1・2・3のお客様は、同じ企業の技術職で大学院卒など条件が近く、保険加入年齢がほぼ同じです。3人とも「無駄な保険料を払いたくない」という要望で、納得いくまで質問を繰り返し加入までに時間をかけるという点も共通していました。

　しかし、加入する時点の違いで選択肢が変わります。事例1の時と事例2の時点とでは、予定利率が下がっているので保険料や解約返戻金には差があります。しかし、販売されている保険商品に大きな違いはありませんでした。

　事例3の2019年になると、貯蓄性のあるタイプの保険商品が販売停止になっている保険会社も多く、終身保険や養老保険の魅力も少なくなりました。予定利率が下がると保険料は高くなるので保障額によっては貯蓄で賄ったほうが良いとの判断ができます。

　しかし2018年4月の「標準生命表」(注)改定で予定死亡率が下がり、保険会社は定期タイプの死亡保険を値下げしました。予定利率の高かった頃は、終身または定期付終身全期型の死亡保険に入院特約を付加するタイプや、満期金の受取を目的とした養老保険などが主流でした。予定利率が下がり始めた頃から、特定疾病保障など三大成人病と診断確定したら生前に給付金が出る保障や余命6カ月で保険金を受け取れる特約等、保険に多様性がでてきました。

　近年の傾向としては介護状態（認知症を含む）になったときや病気・怪我等による就労不能時の保障に重点を置いた保険が多く販売されています。

注）標準生命表：民間生命保険会社の契約者の死亡統計に基づいて、公益社団法人日本アクチュアリー会が作成している。

死亡保険の保険料比較

条件：30 歳で契約、保険金額 3000 万円で 30 年間月々払い込みを続けた場合

① 10 年間の更新型定期保険

2008 年：

30 年間の総支払保険料は 4,410,000 円

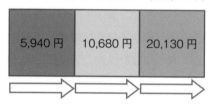

2020 年：

30 年間の総支払保険料は 3,790,800 円

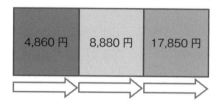

② 30 年間の全期型定期保険

2008 年：

30 年間の総支払保険料は 3,780,000 円

10,500 円

2020 年：

30 年間の総支払保険料は 3,801,600 円

10,560 円

③ 60 歳払込済終身保険：60 歳で解約した場合

2008 年：

30 年間の総支払保険料は 18,144,000 円

50,544 円

解約返戻金 19,383,000 円

2020 年：

30 年間の総支払保険料は 32,032,800 円

88,890 円

解約返戻金 27,421,000 円

※ 2008 年と現在の保険料を比較するにあたり、当時と保険商品が若干変わっていますが、条件を同じにするため各種割引制度等はなしで計算しました。

ＦＰスタンス

　いずれの事例も保険をベースとしたご相談ですが、保険契約を介して長い
お付き合いを続けることによって、ご相談がライフプランや住宅ローン（自
宅購入）、そして相続へと広がってきます。私の場合は保険の乗り合い代理
店という立場を最大限に活用し、安定した収入を確保しながら、よりコンプ
リヘンシブな相談を増やしていくビジネスモデルを構築できました。私を
ファイナンシャル・プランナーとして信頼してくれる顧客が、今後ゆっくり
とではありますが増えていくことを楽しみにしています。

お客様とは生命保険を通じて一生のお付き合いを

「保険は出口の仕事」とも呼ばれています。必要な時に掛ける損害保険と違
い、お客様と一生連れ添うのが生命保険です。一生の間に"必ず"、"絶対
に"起こると言い切れることが一つだけあります。

「人は必ず一度は死にます」

　一生のうち一度も火災に遭わない人は多いです。運が良ければ自動車事故
にも遭わずに済みます。しかし、いずれ人は死に、その前に病気にもなりま
す。認知症や介護状態にもなります。ただ、それがいつなのかはわかりませ
ん。

　終身保障や長期の契約では忘れた頃に不幸が訪れます。その時にお客様が
混乱しないようにわかりやすい保障を作成しておくことが肝心だと思います。
たとえば、「死亡保障はＡ社、医療保険はＢ社」など、お客様に最適な保険
を様々な保険会社から選ぶという考え方があります。加入後、担当したＦＰ
や営業マンとお客様との関係が切れてしまったらどうなるでしょうか。数十
年たって保険金請求の必要が生じたとき、医療保険はなんという保険会社
だったのか、死亡保険はどの保険会社か、内容はどんなものか、お客様自身
がわからなくなっているかもしれません。もちろん担当者がきちんとフォ
ローしていくのが原則ではありますが、担当者がいなくなっても保険商品は
長くお客様と連れ添っていくことになるのです。

　保険は販売して終わりではなく、加入後のフォローが重要です。私は、保
険の仕事の中にできるだけＦＰ的な要素を取り入れ、保険を接点としてお客

様の人生に寄り添うことが自分の仕事だと考えています。

　生命保険に関しては、お客様が加入されている保険の満期や払込終了時期が一目でわかるように一覧表を作成したり、お宅にうかがって定期的に保険証券の整理整頓をしたりもします。保障が終わった保険の証券も毎年来るお知らせもすべて一緒に保管していて、肝心の有効な保険証券が見つからないということもあるからです。さらに、保険のことだけでなく時間軸に沿ったお客様の人生や生活のお役立ち資料として、「ライフプランシート」や「ライフカレンダー」を作成したりもしますが、「これは便利だ」と非常に喜ばれます。

　保険のフォローをしていると、保険以外にも様々な相談事がでてきます。これから家を建てたい人という人からは住宅ローンの相談、定年を迎える人からは資産運用の相談、実家の相続や介護の悩みなど、人生にはお金が絡んだ相談がたくさんあります。

　ＦＰサロンさいたま新都心には、私があまり得意ではない金融の分野をはじめ、相続、不動産など様々な得意分野を持つ人がいるので、躊躇せずどんどんお客様からの相談を受けられるようになりました。何かあれば相談できる後ろ盾があるのは心強いです。

　私は、生命保険の商品知識やその活用ノウハウには自信があります。ＦＰサロンの中で保険のプロとして私を活用していただくことで、お互いに提案の質と収益を高めていけるはずです。

　ＦＰ資格に出会ったことで、私は保険というやりがいのある仕事を見つけることができました。さらにＦＰの知識を深めたことで保険提案の質が向上し、アドバイスの幅が広がっています。時代とともに変わっていく生命保険について今後も知識と情報のブラッシュアップに努めながら、お客様に一生連れ添うコンサルタント（ファイナンシャル・プランナー）を目指していきたいと考えています。

【ご参考：お役立ち資料の例】
＜ライフプランシート＞

	2020	2021	2022	2023	2024	2025	2026	2027	2028	2029
本人				住宅ローン完済				定年退職	再就職	
配偶者									定年退職	
第1子	就職					結婚				
第2子			就職							

＜ライフカレンダー＞

1月	機構地震保険				
2月	公庫ボーナス払い	生命保険更新			
3月	機構団信保険	子供学資　給付金 自動車保険更改		軽自動車車検	
4月			国民年金口座振替		長女中学入学
5月			国民年金支払い	自動車税 軽自動車税	
6月					結婚記念日
7月					
8月	公庫ボーナス払い				家族旅行
9月					

お客様のために作成している資料
※お客様の一生に寄り添うために、ＦＰもある程度情報を共有することが必要です。
＜マネー関連＞
　　●金融資産一覧表　●保険一覧表　　●不動産・その他資産一覧表
　　●固定費一覧表
＜生活関連＞
　　●ライフプランシート　　　　　●ライフカレンダー
　　●健康記録（入院履歴等を記入）●いざという時の連絡先
＜終活関連＞
　　●任意後見契約及び死後の委任契約 公正証書
　　●遺言書　　　　●家系図
　　●終末期宣言

相続と資産承継についての相談

堀田正（ほった・ただし）
株式会社金融システム研究所（FSL）代表取締役
保有資格：AFP、2級ファイナンシャル・プランニング技能士

埼玉県生まれ。1969年 慶應義塾大学経済学部卒業。
都市銀行に入り、主としてシステム開発に従事してきました。2004年、独立してITコンサルティング会社を設立。
2012年にFP資格を取得し、現在は相続関連を中心に資産運用、不動産活用などのコンサルティングを行なっています。

1. 相続は避けて通れない

　ファイナンシャル・プランナー（FP）に相談に来られるお客様やそのご両親は、人間である以上みな寿命がありますので、相続は避けて通れない問題です。好むと好まざるにかかわりなく、いつかは等しく相続に直面します。

　近年は相続が発生しますと、遺産の分割を巡ってトラブルになることも多くなりました。これは財産が多いからもめるというわけではありません。お子様方の仲がいいから安心というわけでもありません。もしも争いが発生してしまうと、亡くなられたご本人は天国で、家族が争うのを指をくわえて見ているしかありません。そういうことが起こらないように、ご本人が心身ともに健康なうちに相続の対策を打っておく必要があります。

　相続について自分から相談に来られる方は、相続に漠然とした不安をお持ちの方、節税をしたいと考えておられる方、認知症になる前に資産の承継方法を決めておきたいと考えておられる方などです。

　ファイナンシャル・プランナーは、相続税の申告書の作成や、訴訟等になった場合の司法手続き等はできませんが、まず相談者の今後のライフプラ

ンを明確にした上で、最適な資産の承継方法、納税資金の確保、節税策等を提案します。とりわけ相談者が顧問客であれば、既にその方の財産や家族状況はもちろん、価値観や人生観までしっかり把握していますので、スムーズに相談者の意思を反映した相続対策プランを作成することができるはずです。さらに、それを確実に実行していくための方策をアドバイスし、実行の援助をしながら経過をフォローしていきます。この点で税理士や弁護士など士業の守備範囲よりも広い分野をカバーします。

　時間軸で見ても、士業のコンサルタントが関わるのは相続が発生した後が中心となるのに対して、ファイナンシャル・プランナーは相続発生前の事前の対策から発生後の事務や手続きのお手伝い、さらに二次相続まで継続して関わっていくことになります。

　相続対策でもっとも重要なのは節税ではなく、どのように資産を分割し、承継してもらうかという資産承継方法です。また、相続人にとって難題なのは納税資金の確保です。これらについて相談者の方やそのご家族にとってもっとも適切な対策を提案し、実施していくのが相続におけるファイナンシャル・プランナーの役割です。

　考えられる対策は多種多様ですが、必要なものを見極めて計画的に実行していくことが望まれます。やりすぎの対策などに走らないように被相続人や相続人にとってハッピーになるように考えたいものです。
※相続コンサルティングにおける他の専門家との連携については 33 ～ 36 ページを参照してください

２．相続対策

　相続対策というと、節税対策と考える方が多いのですが、それは、ほんの一部に過ぎません。究極的には、「いかに円滑に、無駄なく、子孫に資産を引き継ぐか」であり、争族ではなく、自分の想いを家族につなげる「想続」にしたいものです。それを実現するために、対策は手順を踏んで、確実に実施することが重要になります。

　ファイナンシャル・プランナーが行なう相続コンサルティングの手順をご紹介します。

ファイナンシャル・プランの作成・見直し ———————	被相続人のライフプランの確認
相続人の確定 ———————	相続人及び遺贈対象者
資産リスト作成 ———————	相続財産の確認
税制確認 ———————	相続税等関連法規の確認
相続税試算 ———————	相続税額概算の把握
承継方針策定 ———————	不動産の組換え・分割・売却、民事信託の利用
納税資金確保 ———————	生前贈与、保険の活用
節税対策 ———————	生前贈与、保険の活用、土地の分割、組換え
遺言書作成 ———————	公正証書遺言、自筆証書遺言保管・法務局保管
定期的見直し ———————	資産内容・経済環境の変化、税制改正を反映して継続的支援

図に表すと次のようになります。

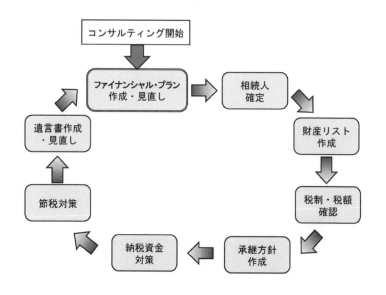

　まず、最初に確認することは、被相続人自身のライフプランです。

　節税対策ばかりに目を奪われていると、今後の生活を楽しむゆとりがなくなりかねません。節税対策のやりすぎで手元に余裕資金がなくなり、思い描いていた生活ができなくなってしまっては本末転倒です。そのためにまずご本人及び配偶者や家族のライフプランを明確にし、その実現のための裏付けとしてファイナンシャル・プランを作成します。

　この過程で財産リストも作成しますので、これをもとにおおまかな相続税額を把握できます。

　次に相続人ごとに財産をどう引き継いでもらうかを検討します。ご自宅の引継ぎについては、誰が相続するかによって相続税額が大きく変わることもありますので慎重な検討が必要です。また、財産を相続する相続人にとって、その財産が有用なものか、有効に活用することが可能かどうかも考慮する必要があります。

　相続対策は、個々人ごとに異なります。その方のライフプラン、資産の内容、ご家族の状況など千差万別ですので、その方にとって最適の対策を考えなくてはなりません。

①実施すべき対策————————遺産分割対策、納税資金の確保
②実施したほうが良い対策——生命保険の活用、適正な生前贈与
③実施すべきでない対策————全額借入での収益物件の購入
　　　　　　　　　　　　　　不適切な介護事業者のサービス付き高齢
　　　　　　　　　　　　　　者向け住宅の建築
④やり過ぎの対策————————借入のし過ぎ
⑤実施する必要のない対策——税額が多くないのに賃貸物件を購入

　たとえば、相続対策として借入れをして不動産を購入するといった提案をよく聞きます。相続税額がそれほど多額ではないのに、評価額を下げるために金融資産を不動産に換えて多額の借金を抱えることが本当にベストな選択なのかは、熟慮する必要があります。

　特に賃貸アパートの建築は注意が必要です。人口減少時代を迎えて全国で

空き家が社会問題になっていますので、賃貸経営は、駅近・買物の利便性・地域の環境に加えて長期的な需要動向の見極めが重要です。

　相続対策として一般的にいわれていることは決して間違いではありませんが、個々のケースについて被相続人や相続人にとって適切なものかどうかは別です。

　また、対策を実施したからといって安心してはいけません。被相続人となる方の経済・財産状況や税制も年々変化しますので、定期的に見直しをしていく必要があります。

3. 資産の分割・承継方針

　資産を配分するとき、相続人にとって公平な分割であることが基本ですが、納得感のある分割のほうがより重要になります。

　特別受益や贈与についても算定に加える必要があります。被相続人となる方の事業に貢献した相続人や、老後の介護等に尽くしてくれた相続人及び関係者への配分・遺贈にも配慮が必要です。特定の相続人だけに大きな資金援助等を行なったような場合、そのほかの相続人に遺産分割で配慮するなど、相続人全員が納得できるような分割にするべきです。

　また、相続した事業の継続に必要な資産などは分割には適しません。事業を相続した者が支障なく事業を継続できるようにするべきですし、被相続人の事業や生活に大きく貢献した者には相応の対価を与えてしかるべきです。

(1) 方針は早めに立てる

　身体が弱ると、気も弱くなり、お気に入りの子供の言いなりに遺言書を作ってしまうなど、不公平な配分になりがちです。また、認知症になると、遺言も他の法律行為もできなくなります。

　資産配分の検討・決定は心身ともに健康なうちに行ない、遺言書等ではっきりとした意思を明示しておくことが求められます。

(2) 分割・承継の注意点

・法定相続分と遺留分を考慮する

・自宅等の不動産は同居している相続人を優先する
　これにより自宅を相続しない者への金融資産等の配分を考慮する
・自宅以外の不動産で収益物件の場合は、その物件の評価額だけでなく、物件管理ができることや、そこから得られる収益や費用等、相続後の採算、キャッシュフロー等を考慮する
・別荘等の不動産は、利用価値を認める相続人に配分する
・隣地との境界が明確でない場合は、測量等をすませておく
・地方の実家は希望する相続人がいない場合が多い
・二次相続まで考慮して分割する

4．資産承継

　相続が発生してから相続税の納付までは 10 カ月しかありません。その間に相続人の確定、遺言書の確認、相続財産の確定、遺産分割協議と分割、相続税申告書の作成・申告・納税等を行なわなければなりません。

　もっとも手間暇がかかり、作業負担が大きく精神的にも苦悩するのが遺産分割です。遺産分割が終わるまで売却など遺産の処理を進められない上、遺産分割がまとまらないために期限内に申告・納税が完了しないと税金面でも大きな不利益が生じます。

　相続人の間で遺産分割をめぐって紛争になると、家庭裁判所に調停を申し立てたり、場合によっては弁護士に依頼したりして、手間暇どころか相当な費用も必要になります。相続人同士の関係が悪化して、例えば兄弟間で口もきかないような事態になってしまうこともありえます。そのような事態にならないようにするために、事前に遺産分割について十分に吟味しておくことが重要です。

　遺産分割にあたって、押さえておくべきポイント（Ａ～Ｇ）をまとめておきます。

Ａ．法定相続分と遺留分

　相続人が受け取ることができる割合として民法で定める法定相続分があります。いわば、相続割合の目安です。

　また遺留分といって、一定の範囲の相続人については相続人によって極端に不公平な配分とならないように最低限受け取れる割合が民法で定められています。これは、遺された相続人の生活保障や、被相続人の財産形成や生活の支援等に貢献した相続人に最低限報いるためでもあります。しかし、遺留分に満たない相続割合でも、その相続人が異議を申し立てなければ、その遺産分割は有効となります。

　逆に異議のある相続人は、相続を知った時から1年以内に異議申し立て（遺留分減殺請求）をすれば、遺留分を請求できます。遺留分を無視した遺産分割を行なうと、遺留分を侵害された相続人から後になって遺留分減殺請求をされる可能性があり、紛争の芽を残してしまいます。

B．自宅の不動産

a．被相続人の自宅の敷地（特定居住用宅地等）

　個人が、相続により取得した財産のうち、居住用の宅地等については、次のように相続税の評価額を減額できます。

被相続人等の居住の用に供されていた宅地等（特定居住用宅地等）

限度面積	330m^2
減額割合	80%

なお、総面積が330㎡を超える部分については適用できません。

　被相続人の居住の要件については、次の①②の場合で、事業用や新たに被相続人以外のものの居住の用に供されなかった場合も適用対象になります。
①要介護認定を受けた被相続人が老人ホーム等の施設に入居したことで、被相続人の居住の用に供されなくなった場合
②介護医療院（長期療養を目的とした施設）に入所している場合

　二世帯住宅の場合は、内部で二世帯の居住用スペースが繋がっていなくても建物全体を被相続人の居住用として、その敷地全体に特例の適用ができま

す。ただし、父母世帯と子世帯とで、建物を区分所有登記している場合は、適用できませんので注意が必要です。

　これを適用できる相続人は、以下の通りです。
・被相続人の配偶者
・被相続人の同居親族が取得し、申告期限まで居住している場合
・被相続人に配偶者も同居親族もいない場合、相続開始前３年以内に自己又は自己の配偶者、三親等以内の親族、自己と特別の関係のある法人が所有する家屋に居住したことがない親族が取得し、申告期限まで所有している場合

ｂ．被相続人が事業を行なっていた土地（特定事業用宅地等）
被相続人が相続開始の３年前よりも前から事業を行なっていた土地
適用の要件は、
・相続開始の３年前よりも前からその土地で事業を行なっており、その土地の相続人が相続税の申告期限まで事業を継続していること

限度面積	400m^2
減額割合	80%

ｃ．貸付事業用宅地
被相続人が賃貸アパートを建てたり第三者に貸し付けたりしていた土地
適用の要件は、
・相続開始の３年前よりも前から貸付用に使用していた土地で、その土地の相続人が相続税の申告期限まで不動産貸付事業を継続していること

限度面積	200m^2
減額割合	50%

C．配偶者居住権

　被相続人が有する自宅に配偶者が居住していた場合、残された配偶者が安心して居住できる住宅を確保できるように、次の権利が認められるようになりました。

①相続開始から遺産分割までの間、無償でそのまま居住を続ける権利（配偶者短期居住権）
②その後、配偶者の死亡まで終身にわたり自宅に居住する権利（配偶者居住権）

　配偶者居住権は、残された配偶者が住んでいる住宅の権利を所有権と居住権に分離し、配偶者が居住できる権利を認めたもので、居住できる期間は遺言や遺産分割協議で決めることができます。配偶者が居住権を取得すれば、所有権が別の相続人や第三者に渡ったとしても、その自宅に住み続けることができます。

　遺産分割協議等では、二次相続を想定して配偶者でなく子が不動産を相続する場合も多くあります。改正前は、建物の所有権がない配偶者は親子間のトラブルが生じると建物からの退去を迫られる可能性があり、不安定な状態に陥りかねませんでした。これを避けるために創設されたものです。

　配偶者居住権の設定は、配偶者の任意ですが、次の要件が揃えば成立します。

①配偶者が、被相続人の遺産である建物に、相続開始の時に居住していたこと
②被相続人が遺言書に配偶者居住権を明記、または遺産分割協議で配偶者が配偶者居住権を取得すること

　配偶者居住権の存続期間は、遺産分割協議や遺言によって配偶者居住権の存続期間に関して終身の間とはしない取り決めをしない限り、当該配偶者の終身の間となります。

D．別荘や地方の不動産

　相続人にとって利用価値のない不動産、たとえば不便な別荘や親が居住していた地方の実家などは、相続しても本人は利用しない場合がほとんどです。こうなると、近年大きな問題になっている空き家になってしまいます。

　空き家になると、家屋自体のメンテナンスが十分にできず、老朽化の進行が早くなってしまいます。戸建であれば、雑草の刈り取りや樹木の剪定も滞り、地域の環境悪化の一因にもなりますし、防犯上も好ましくありません。できれば早期に売却や解体等を行ないたいものです。

E．賃貸アパート等の収益物件

　自宅以外の不動産で収益物件の場合は、その物件の評価額だけでなく、相続人が物件管理ができることや、そこから得られる収益や費用等、相続後の採算、キャッシュフロー等を考慮して配分を考えましょう。

F．不動産全般

　不動産は公平に分割して相続することが難しいため、共有にしてしまいがちですが、共有にすると売却や建築等の際に、所有権者全員の合意が必要になり、手間暇がかかります。さらにその所有権者に相続が発生すると、権利者が増加することにもなります。増加した権利者と疎遠の場合も多くなり、時間の経過につれて土地等の活用に関する合意を得ることが一層難しくなっていきます。

　このため早めに売却、分筆等などを行ない、不動産の共有はできるだけ避けるようにしたいものです。

　なお、隣地との境界が明確でない場合は、事前に測量等を済ませ、境界を明確にしておきましょう。相続前に測量等を行なっておけば、その費用分だけ相続財産を減らすことができ、ひいては相続税額の削減にもつながります。

　一般的な不動産の配分方法は以下の通りです。
①現物分割・・・土地の場合、いくつかに分筆して相続する方法。分筆により土地の活用方法や評価額が変わることに注意が必要です。

②換価分割・・・不動産を売却して、お金に換えて分割する方法。申告期限に間に合わせるために急いで売却すると足元を見られる可能性もあります。

③代償分割・・・相続人の1人が不動産を相続して、他の相続人には相続分相当額の対価を金銭で支払う方法。不動産を相続する者に、支払う財力があることが条件になります。

④共有分割・・・不動産を共有として相続する方法。不動産を物理的に分割せず、不動産全体を相続人がそれぞれの割合で共有します。

G. 二次相続

　一次相続では、配偶者に「1億6,000万円または法定相続分相当額までは非課税」という特典（配偶者の税額軽減）があります。その後、配偶者が亡くなって二次相続が発生したときは通常、配偶者控除の税額軽減は使えず、相続人数の減少によって基礎控除額が減少し、相続税の負担が重くなることがあります。一次相続のときから、二次相続まで考慮して財産を分ける必要があります。

　しかし、相続税負担にばかりに注意しすぎて配偶者に自宅等の不動産に偏った配分をすると、現金不足で生活費等にも事欠くことにもなりかねません。配偶者居住権を利用するなどして、生活費等にも十分に配慮しましょう。

5．資産承継方針を確実にするために
(1) 遺言書

　資産の承継は、被相続人が亡くなった後のことになりますので、推定相続人に被相続人の意思を明確に伝え、実行してもらう必要があります。その手段として一般的には遺言書が利用されます。有効な遺言書であれば、法的な拘束力がありますが万全ではありません。遺言書で遺留分を侵害していたりするとむしろ紛争の元になります。

　資産の承継について、事前に家族で話し合いをして、全員が納得していれば、争いを避けられる可能性が高くなります。

- 遺言書は、円滑・円満に相続手続きを進めるための計画書（法定相続に優先）
- 遺言書があれば、本人の想いを反映した遺産分配ができる（事業を行なっている場合等は事業の承継を円滑に行なえる）
- 遺産分配での争い（争族）を回避できる
- 法定相続人以外にも遺産を遺すことができる（介護等をしてくれた人に報いることができる）
- 原則として遺産分割協議が不要になる

　遺言書がない場合は、遺された相続人が、財産を遺した方の思いに関係なく、自分たちの都合で財産の分け方を決めることになります。相続人の中には病気療養中で十分に検討することができない人や、発言力の強い人もそうでない人もいるでしょうし、必ずしも全員が納得する分け方になるとは限りません。遺産分割協議が原因で兄弟姉妹の関係が険悪になってしまうこともあり得ます。遺言書を作成し、大切な財産を円満に受け継ぐことができるように配分を決めておくことは、遺されるご家族に対する思いやり、というより親としての当然の義務ではないでしょうか。

　とは言っても遺言書は万能ではありません。せっかくの遺言書が争いの元にならないよう、次のような点に留意して、遺言書を作成した経緯や家族への想いを付言事項に記載しておくとよいでしょう。被相続人の意思が伝わることで、円満な相続につながります。

- 遺留分を侵害しないよう配慮する
- 過去の贈与や特別受益を考慮し、遺産分割の公平性、納得性を重視する
- 介護者への遺贈等については感謝の気持ちを添え、周囲の人が納得できるようにする

(2) 遺言書以外の方法

　エンディングノートには遺言書のような法的な効力はありませんが、被相

続人の意思は確認できるので、相続人が尊重してくれる可能性はあります。また、エンディングノートの中に財産リストがあると、相続人が金融機関の取引口座や不動産について探し回る手間が省けるというメリットもあります。

　遺言書は主として被相続人となる方の死後の財産分割に関する事項を定めるものですので、生前には無力です。例えば認知症になり判断能力を失ってしまっては、自力での生活はもとより、財産の運用などもできなくなります。このような場合に備えて身上監護のための成年後見人制度の利用や、生前の財産管理から相続発生後の資産承継までカバーできる民事信託の利用といった選択肢もあります。

6．ファイナンシャル・プランナーによる相続コンサルティング

　相続対策は、対策をされる方の経済環境、健康状況や家族状況等によって、とるべき内容は千差万別です。一般によく耳にする対策も、その方にとって最適かどうかはわかりません。ファイナンシャル・プランナーは、まず相談に来られた方のライフプランを実現するためのファイナンシャル・プランを作成します。その上でご家族の状況や資産承継に関する考え方などをじっくりとお聞きし、法律や税金対策を考慮したうえで、その方とご家族に最適な相続対策を提案します。法律、税制から資産管理やご家族の心情の面まで充分に理解し、考慮した提案ができます。また、相続前の対策から事後の手続きや新たなプラン策定まで、継続してフォローします。税理士、弁護士をはじめ、相続問題については様々な専門家が存在しますが、トータルな相続コンサルティングができるのはファイナンシャル・プランナーだけではないでしょうか。

　ファイナンシャル・プランナーにとって、相続は顧問契約をしたお客様の人生において必ず発生する出来事です。まだ相続は先の話だという方であっても、ファイナンシャル・プランニングの中でご家庭の事情をよく理解していると、早めに対策を提案することができます。また、事情が変わったとしても、見直していくことができます。

　一方、相続はビジネスとしても大きなチャンスです。相続には、税務申告、

不動産の売買や変更登記、遺言書作成など報酬や手数料が発生する様々な要素があります。税務申告が必要ないケースでも、銀行での手続きや不動産の変更登記などは必要な場合が多く、すべてを自分で取り仕切るのは負担だと感じる人も少なくありません。相続プランの作成や専門家の紹介によってファイナンシャル・プランナーが収益を得るチャンスがたくさんあります。

　少子高齢化社会の進展で、相続に関するビジネスが盛んになってきました。自分の死後のことまで自分の手で段取りしておきたいと考える人も多いように思います。また、社会問題になっている空き家の防止や、若年層への資産移転の促進など、社会的な必要性も生じています。これからはファイナンシャル・プランナーも積極的に相続の分野の相談に踏み込んでいくべきだと考えています。

ＦＰビジネスにおける"終活"という切り口

加藤雅之（かとう・まさゆき）
終活専門コンサルタント事務所「あおとそら〜Blue & Sky〜」代表。
保有資格：ＡＦＰ、２級ファイナンシャル・プランニング技能士、終活カウンセラー上級資格、エンディングノート技能士、シニアライフ案内士

1958年東京生まれ。立教大学経済学部卒業後、三井住友海上火災保険株式会社入社。2014年、同社退職。退職後、母親の介護サポートをしながら保険会社時代の経験を生かせる「終活」の普及に自身の生きがいを見出し、終活カウンセラー資格を取得しました。現在は自主開催のセミナーを通じて、終活の必要性、重要性を広く伝える活動を推進しています。

終活とＦＰの役割

　終活という言葉はようやく最近、認知度が上がり定着してきました。学生の就活とは区別されるワードとして一般的にも使われるようになってきています。この言葉の語源は約10年前に雑誌の記事のタイトルとして用いられたことが始まりと言われており、歴史的にもまだまだ新しい言葉と言えます。しかし終活という言葉は知っていても、意味や具体的に何をすればいいのか等、一歩踏み込んでお聞きしてもほとんどの方が考え込んでしまうというのが現状です。

　終活について少し解説をさせていただきましょう。

　私は、自身が開催するセミナーで、参加者全員に「あなたにとって一番大事なものは何ですか？」という質問を投げかけています。その答えは次の3つに集約され、1番多い答えは「家族」です。さらにお子様をお持ちの方は「子供」とお答えになります。2番目が「お金」です。生きていくためには必要不可欠で大事なものであり、お金にはそれだけ力があるからだと思われ

ます。最後3番目は「自分自身」です。やはり自分自身を大事にしていつまでも健康でいたい、ということなのです。他に「友人」や「ペット」などの答えもありましたが、ほとんどが上記3つの答えに集約され、その中でも1番目の家族という答えは実に8割以上の方がお答えになりました。

　終活には、皆さんが大事だとお答えになったこの3つの要素「家族」「お金」「自分」がすべて包含されています。やや抽象的ですが、終活はその方にとって大事な家族を幸せにすること、大事なお金を生かすこと、そして大事な自分自身も幸せになることが目的です。それを実現するために様々な準備を行なうことが終活だと言えます。そして終活を実践することにより、心配や不安から解放され、安心や心の平穏を得ることができるのです。

　私のセミナーに参加されたことがきっかけで終活に取り組んでみようと手を挙げてくださった方や関心を持たれた方に対しては、個別相談や個別コンサルを行なって、終活がスムーズに進むよう全力でサポートさせていただいています。

　個別相談の内容は多岐に渡り、介護のこと、葬儀のこと、お墓のこと、時にはご親族間の人間関係について等、人生相談的なお悩みを持ち掛けられることもあります。私自身も頭を痛めることもありますが、それを解決していくことも立派な終活なのです。さらに、相続や贈与、保険や年金といった、大事な「お金」に関する相談が実に多いのが現状です。この分野はまさにFPの知識が必要とされ、FPの活躍が求められる場となります。

　これからこの「お金」に絡んだご相談の事例をご紹介していきます。

相談事例1　A氏の場合〜相続対策に贈与と時間を生かす〜

　私の終活セミナーに参加いただいたA氏からのご相談です。セミナー終了後、A氏がやってきて、「70歳を迎えたのでそろそろ本気で終活に取り組みたい。いろいろと相談にのって欲しい」との依頼を受けました。話を聞くと、将来の心配事として介護のことや葬儀のこと等がありましたが、最も心配されこだわっておられたのが相続の問題でした。資産をお持ちのA氏はなるべく資産を減らすことなく家族（特に次世代）にスムーズに引き継いでいきたいとの希望を持っておられ、どのような対策を取れるのかという相談

になりました。

　A氏から得た情報は以下の通りです。

＜家族構成＞

A氏（70歳・無職）	長男（39歳・会社員）	孫（男児12歳・小6）
奥様（67歳・主婦）	奥様（38歳・主婦）	孫（男児10歳・小4）

＜資産概要＞

A氏		奥様	
不動産（現在夫婦で居住）	8,000万円	現金	500万円
現金	6,000万円	生命保険（死亡保障）	500万円
有価証券	1,200万円	合計	1,000万円
生命保険（死亡保障）	1,500万円		
合計	16,700万円		

＜現在の暮らしぶりとその他の情報＞

- ・現在の生活費の原資は夫婦の年金で、贅沢はできないもののなんとか賄えている。
- ・長男は電機メーカー勤務で現在は社宅住まい。個人指導の高額な塾に通わせるなど子供2人の教育に力を入れており、いつも生活が大変とこぼしている。妻のパートも検討中。
- ・財産をなるべく減らさず長男一家にバトンタッチしていきたい。
- ・現在の家は先祖代々住み続けてきたものなので、いずれは長男に戻ってこの家を守ってほしい。

　A氏の話を聞いていると家族への強い愛があり、特に一人息子や2人の孫

が可愛く、一家の幸せを強く願っていると感じられましたので、それを念頭に置きアドバイスしていくことにしました。

＜アドバイスのポイント＞

① 1次相続に加え2次相続も意識した提案とする
② 平均余命から、ご主人あと11年、奥様あと21年（1次相続後は10年）の時間を味方につけた贈与案を提案
③ 1世代飛ばしの孫への贈与も有効
④ 長男の定年あたりを見据え奥様との同居を提案⇒小規模宅地等の特例適用

＜A氏へのアドバイス＞

(1) 2次相続まで見据えた基本方針

まずA氏が亡くなったときの1次相続についてです。A氏は1億6,700万円とかなりの資産をお持ちですが、不動産については妻が相続する場合は小規模宅地等の特例の対象となり、相続税の評価上は2割評価となります。生命保険金1,500万円についても、相続人2名で1,000万円の非課税枠があります。基礎控除4,200万円や配偶者特別控除などもあるので、以下②③で説明する贈与を行なうことで相応の対策を講じることができます。

ただし、妻にすべて相続させ相続税をゼロにする等の極端なやり方は2次相続に問題を先送りしただけで良策とは言えません。1次相続で息子一家にお金が渡らないことで経済的不安が発生する恐れもあり、A氏の希望する息子一家の幸せを叶えるためにも1次相続は法定相続割合をベースにバランス良く行なうことをお勧めしました、

次に2次相続です。A氏は「息子は後継ぎなので将来この家に住んでほしい」と希望されているので、将来、妻と息子一家が同居することをお勧めしました。これには資産価値の高い不動産の評価を下げる小規模宅地等の特例が使えるというメリットがあり、さらに終活的にも高齢となった妻の

110

心身のサポートを直接できることでお互いの安心にも繋がることになります。
「今のうちから（息子さんの）ご家族にもきちんとお話して、心づもりをしてもらっておくと良いですよ」とアドバイスしました。

(2) 息子と孫への贈与の活用

　次世代の息子一家に財産をできるだけ減らさずに引き継ぎたいという A 氏の希望を実現する手段として、終活目線での贈与プランを提案しました。A 氏と妻の平均寿命までの年数を踏まえて、その時間を上手く活用して適切に贈与を行なっていこうというものです。

図1　時間を生かした贈与の例

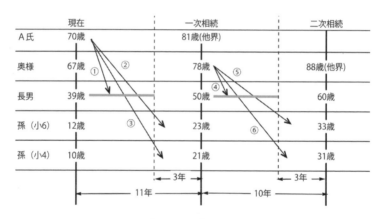

	贈与者	受贈者	贈与内容
一次相続対策	A氏	長男	① 毎年贈与　110万円×8年 ＝ 880万円
		孫（長男）	② 教育資金贈与　　　　（例）500万円
		孫（次男）	③ 教育資金贈与　　　　（例）500万円
二次相続対策	奥様	長男	④ 毎年贈与　110万円×7年 ＝ 770万円
		孫（長男）	⑤ 結婚・子育て資金贈与　（例）300万円
		孫（次男）	⑥ 結婚・子育て資金贈与　（例）300万円

　例えば、現在70歳のＡ氏は平均寿命まで11年あります。息子に8年間、贈与税の基礎控除額の範囲で110万円ずつを贈与すれば、880万円の資産減の効果があります。これは2人の子供の教育費で家計が圧迫されている息子を救済することにも繋がり、贈与を活用して資金需要の大きい時期に次世代に資産を渡すことにより、Ａ氏の財産を生きたお金として有効に使うことができます。ひいては、家族の幸せにも繋がるという効果も期待できるわけです。

　8年経過後は、相続人への相続開始前3年以内の贈与は相続税の対象に加算されることを意識しておく必要があります。ちょうど2人の孫が大学生の時期に当たるため、「直系尊属から教育資金の一括贈与を受けた場合の非課税制度」を利用して、2人の孫に500万円ずつ計1,000万円を教育資金として贈与しておくというプランも考えられます。教育費に限定して孫に渡すことができ、遊びや浪費に費やされることはないので、Ａ氏にとって安心感や納得感を持った贈与ができるという利点もあります。また、一世代飛ばしの贈与になるのでさらに効果的であると考えられます。

　同様の考え方で、2次相続対策においても、妻がＡ氏から相続した財産を平均寿命までの期間10年を使って贈与していくことを提案しました。例えば息子に7年間110万円の贈与をし、残り3年の中で孫への贈与を検討します。孫も30歳くらいになっているので、「直系尊属から結婚・子育て資金の一括贈与を受けた場合の非課税制度」を利用して、結婚・子育て資金として贈与をしてみてはどうか、という提案です。相続税対策として有効なだけではなく、孫にも喜ばれ感謝され、生きたお金となることで家族の幸せに繋がるというわけです。もちろん一世代飛ばしの贈与ですからさらに効果大と言えます。

　ただし、この孫への贈与には1つ注意点があります。この贈与契約は贈与者が死亡した時点で終了し、その時点で使い切っていない残高は相続財産に加算されます。贈与する時点で孫に結婚や出産の予定がないのであれば意味がないことにもなりかねませんので、よく見極めた上で贈与を行なうことが重要です。

　以上のような提案をしたところ、Ａ氏からは「納得感のあるアドバイス

で非常に参考になった」と感謝の言葉をいただきました。

＊なお、上記提案については、あくまでも平均余命年数から算出したものであり、いつ相続が発生するかはわからないこと、また健康状態によっては柔軟な対応が必要となることにつき、ご理解いただいています。

＊教育費や結婚・子育て費用の贈与の非課税制度は現時点の税法で有効であり、期限付きの特例であることから、将来を約束するものではないと申し添えています。

＊言うまでもありませんが、贈与の際は贈与ごとに双方署名捺印の契約書を作成し、銀行振り込みでしっかり通帳に記録を残すようアドバイスしています。贈与者が受贈者名義の通帳や印鑑を預かって管理する等、名義預金とみなされるようなことは間違ってもしないよう強調しています。

＜今後の方針＞

　今回のアドバイスは、A氏のケースで考えられる一般的な対策のご紹介でした。次のステップとしては、A氏ご夫妻と長男一家のライフプランをもとにファイナンシャル・プランを作成し、それを踏まえたご一家のための資産承継プランを提案する予定です。

　70歳のA氏はお元気で、まだまだこれからご自身がやりたいこと、楽しみたいことがたくさんあると思われます。次世代への贈与の準備として、まずA氏と奥様の生活に必要な資金を確保しておく必要があります。また、息子さんに家を継いでもらいたいというご希望については、早いうちに息子さん一家の意向を確認して計画的に進めたいところです。やるべきことはたくさんあり、A氏とは長いお付き合いができそうです。

相談事例２、B氏の場合〜生命保険「リビングニーズ特約」の活用〜

　終活の相談者の中では比較的若いB氏（55歳・男性）からの相談です。酒造メーカーの営業マンとして多忙な日々を送っていたB氏でしたが、会社の健康診断で引っかかり、精密検査の結果、ステージ２のガンと判明したそうです。予想もしていなかった事態に相当落ち込んでしまい、人生について、生死について、家族について等色々考え悩んだとのことです。仕事柄お酒を

飲む機会が多いうえ、元々の社交的な性格も手伝って交友関係が幅広く、あまり家庭をかえりみない生活や浪費癖が原因で、奥様とは10年ほど前に離婚しました。2人の子供は既に成人しており、家を出て社会人として独立しているとのこと。Ｂ氏自身は親の残した実家に一人暮らしの状況です。

　Ｂ氏の家族構成と資産状況は以下の通りです。

＜家族構成＞

B氏（55歳・会社員）	長女（25歳・会社員）
	長男（23歳・会社員）

＜資産概要＞

不動産（Ｂ氏居住）	4,500万円	借入金	▲450万円
現金	0万円（5年後退職金　1,600万円）		
有価証券	0万円（5年後財形・持株500万円）		
生命保険	1,800万円		

　Ｂ氏は、「健康に不安を感じ“死”を意識するようになって初めて、唯一の家族である子供のことがとても気にかかるようになった。やりたい放題やってきた自分ではあるが、今からでも父親としての責任を果たしていきたい」とのご希望でした。相談内容は最終的には相続になるのですが、Ｂ氏には非常に気になることがありました。

　①借金があり、それを子供に知られたくない（450万円）。

　②Ｂ家のお墓が新潟にあるが、両親の死後、遠方のためお参りにも行けず、何年も放置状態である。お墓を自宅近隣に移転したい（費用300万円程度）。

　この2点を自分の手でどうしても解決しておきたいというのです。私はそれを踏まえて以下のようにアドバイスしました。

＜アドバイスのポイント＞

① 健康不安があるため、時間を掛けない早期の対応策を考える
② 悩み解決には現金等の流動性資産が必要だが、現状ではほとんどないので代替となる手段の確保に知恵を絞る

＜Ｂ氏へのアドバイス＞

　Ｂ氏は現状、不動産はあるものの現金等の流動性資産がほとんどない状態です。今までの暮らしぶりから貯金ができていないツケがここに来て回ってきてしまったというわけです。Ｂ氏の悩みは流動性資産、つまり現金があれば解決できます。５年後の退職時まで待てば退職金等で対応できるのですが、健康問題を抱えながら５年間待つのは不安でしかありません。財形や持ち株は途中解約して現金化できるでしょうが、金額的に不足が出てしまいます。

　次に生命保険の有効活用を考えました。Ｂ氏の生命保険が終身保険であればキャッシュバリューがあるので、それを担保に保険会社から貸し付けを受けるという手段も使えますが、残念ながら定期保険でしたので、その手段は取り得ません。

　そこで、生命保険に付帯されているリビングニーズ特約に注目し、この特約を上手く活用する方法を提案しました。

　リビングニーズ特約とは、医師から余命６カ月以内との診断を受けることを条件として、本来は死亡時に支払う死亡保険金を生前に支払うというものです。支払われた保険金には税金がかからず満額を自由に使えるという優れものです。さらに、Ｂ氏の契約は1,800万円の保障ですが、満額ではなく一部をリビングニーズ特約で請求することができるという利便性もあるのです。Ｂ氏の場合には借金返済とお墓の移転に約750万円必要ですので、800万円をリビングニーズの請求とすればよいわけです。

　そして残り1,000万円は通常の死亡保険金として受け取ります。相続人２名の非課税枠「500万円×２名＝1,000万円」を利用でき、生命保険の税務上のメリットをフルに活用することができます。

図2、リビングニーズ特約活の活用

ただし、お墓の移転は新潟の墓じまいと近隣のお墓の手配の2つが必要です。役所への届けなどもかなり煩雑で、通常、相応の時間を要します。つまり余命6カ月になってから取り掛かるのでは時間切れの恐れがあるのです。B氏に「前倒しに動いたほうが良いですよ」とアドバイスしました。

B氏は「保険のそんな活用法は全く知らなかった。生前に気になって悩んでいることが解決できるこの方法は、とても安心でき穏やかな気持ちになれる。万一、退職前に死期が迫ってきたら是非この方法を使いたい」と、いたく感動して喜んでいました。

ちなみに、「病は気から」と言いますが、リビングニーズ特約を使って悩みや気になっていたことが生前に解決できたことで心が軽くなったのか、6カ月では亡くならずその後2年以上長生きされたというような事例もいくつか聞いています。保険には目に見えない効果があると感じています。多くの方にこの特約のメリットと使い方を知っていただきたいと思います。なお、この特約は生命保険の死亡保障に無料で付帯できますので、基本的には付いていると思われます。

＜今後の方針＞

B氏は現在独身で、お子さんたちとも疎遠になっているようなので、ご希望があればこれから必要となる手続き等のお手伝いをしたいと思っています。特にお墓の移転については早く行動を起こすべきです。お墓に関することは終活の代表的な内容の一つですので、私の知識とネットワークを活かして、B氏に必要な情報を集めて案内していく予定です。

お一人様向けの死後事務委任契約と財産の遺贈寄付について

　終活セミナーで「死後事務委任契約」をテーマに話をしたところ、質問が多く、非常に関心が高かったので、ご紹介しておきます。ＦＰの観点からは特にお一人様の財産の行き先をどう考えるかがポイントです。

　まず死後事務委任契約の背景について簡単に解説します。身寄りのないお一人様が亡くなった場合、地方自治体が出動し極めて事務的に簡略な方法で淡々と処理されることになります。たとえ財産があったとしても、それを使って豪華な葬儀を執り行なうことはありません。一番簡易な火葬（直葬）での処理となります。また財産があった場合も、相続人不在なので国庫に帰属となり、財産の使われ方に本人の意思や希望が反映されることはありません。実に事務的で寂しい最後といえます。

　日本においてはお一人様が増加傾向にあり、生涯未婚率の加速度的上昇により少子化がますます進行しています。その結果、身寄りがないお一人様が増え、加えて老夫婦で子供がおらず将来どちらかがお一人様になってしまう、いわゆる予備軍の方も増えてきているのが現実です。

　生涯未婚率の数値データを見てみましょう。2015年時点で、実に男性は4人に1人、女性は7人に1人が未婚となっており、毎年増加してきているのです。これでは子供の数は増えず、逆にお一人様がどんどん増加するということになってしまいます。

　そこでこのようなお一人様の死後の事務（葬儀、納骨、病院精算、賃貸住居の精算及び解約、遺品整理、役所への各種届、口座解約、各種契約の解約等）を、ご本人と第三者が委任契約を結ぶことにより確実にご依頼者の希望を反映させる形で執り行なう仕組みが誕生しました。これが「**死後事務委任契約**」です。契約時に死後事務を遂行するための預託金を預かり、死後事務遂行にかかった費用を預託金から支払って契約を履行していきます。この契約を交わしておくことで自身の死後の整理についても安心が担保されるというわけです。ただし、財産については守備範囲外となっており、次にご紹介するQ&Aの通り、遺言で特定する必要があります。この点は要注意です。何も対策を講じていないと国庫に帰属となり財産の行き先に本人の希望が反映されることはありません。

図3　50歳時生涯未婚率 男女別推移

年	男性(%)	女性(%)
1950	1.45	1.35
1955	1.18	1.46
1960	1.26	1.88
1965	1.5	2.52
1970	1.7	3.33
1975	2.12	4.32
1980	2.6	4.45
1985	3.89	4.32
1990	5.57	4.33
1995	8.99	5.1
2000	12.57	5.82
2005	15.96	7.25
2010	20.14	10.61
2015	23.37	14.06

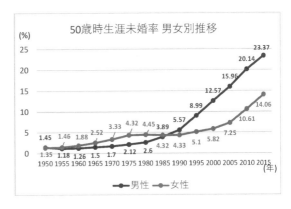

出典：国立社会保障・人口問題研究所「人口統計資料集」

　セミナー受講者からの代表的な質問を3つ挙げておきます。

Q1、契約は認知証発症後でも可能か？

A1、認知症に罹患した後では判断能力に問題ありとなり契約できません。そうなる前に契約する必要があります。「そのうちに」と先延ばしにすることはとてもリスキーです。なお、万全を期するため、合わせて成年後見の契約の検討もお勧めします。

Q2、財産の行き先も死後事務委任契約で指定できるか？

A2、財産については死後事務委任契約の対象外です。別途、遺言を準備していただく必要があります。遺言によってご本人が望む人、指定する団体等に遺贈・寄付することができます。まさに人生最後の社会貢献にも繋がるものと考えます。

Q3、身内に一人息子がいるが、外資企業のため海外勤務で帰ってこない。海外生活をしている息子に自分の死後の後始末で迷惑をかけたくないと思っている。身内がいてお一人様ではない自分でも契約は可能だろうか？

A3、もちろん可能です。身内だからこそ自分のことで迷惑をかけたくないと考える方は非常に多いです。日本人の美徳だと思います。愛する息子さんのためにも契約を前向きに検討してみてください。あなたも息子さんも安心できますね。

　今後ますますお一人様や予備軍の方が増加するのは間違いなく、それに伴い、この死後事務委任契約の必要性は高まる一方です。行き場を失った財産の最終帰着点を遺言によって定めていくことで、多くの方に安心と納得をご提供できると確信しています。

ビジネスとしての終活

　損害保険会社に勤務していたとき、規制緩和で損害保険会社が生命保険を取り扱うことになりました。ＦＰ資格を取得したのも生命保険の営業にはＦＰ知識が必要だったからです。最初はあまり気乗りしていませんでしたが、ＦＰの知識を駆使しながら生保のプランニングを考えることに次第に面白さを感じるようになりました。生保契約の主体は個人ですが、プランニングはその方のご家族全体を考えて作成するものであり、ご本人はもとよりご家族全員を幸せに導くことができます。私はそこに意義とやりがいを強く感じ、生保が大好きになりました。

　現在は、終活（生保、年金、介護、葬儀、相続など）に特化した相談業務を展開していますが、根底にあるのは「ご家族全員の幸せを実現したい」という思いであり、保険の仕事をしていた時から変わっていません。終活はお客様の人生の後半すべてに関わる内容なので、ＦＰの知識を活用して力を発揮できるのはこれからだと考えています。

　主な事業はセミナーと個別相談です。セミナー受講から個別相談へ移行するケースがほとんどです。ＦＰサロンさいたま新都心の活動を知ったのも、同じ媒体を使ってセミナー告知を行っていたことがきっかけでした。ＦＰサロンに所属することで、終活について話す機会が増え、より多くのお客様との接点を持つことができています。

　終活の個別相談は、「①相談者からのヒアリング」、「②それを元にした解

決策の立案」、「③相談者への回答・説明」という手順を踏むため、１カ月完結コースとしてフィーをいただいています。他に２時間限定のお試しプランやフルサポートの高額プランの用意もあります。

　また、お客様が提案内容を確実に実行し問題を完全に解決できるように、様々な提携ネットワークを構築しています。提携先は税理士や行政書士、葬儀社や介護施設、遺品整理業者等多岐にわたり、お客様を紹介すると一定の紹介料が入ります。

　ご紹介した事例からもわかるように、終活の相談には相続や生活資金が関わってきます。世の中で終活への関心が高まっているうえ、"お金の相談"というよりも"終活"のほうが相談に訪れるハードルが低いように感じます。また、「相続相談は税理士」という意識が強いですが、"終活"という切り口からであれば、ＦＰが直接、相続相談に入っていけるチャンスが広がると考えています。

終活専門コンサルティング事務所「あお と そら」~Blue & Sky~

料金表

①お試しプラン（３時間）	3,000 円
②ベーシック標準プラン（１カ月）	50,000 円
③フルサポート安心プラン（１年間）	300,000 円
④エンディングノート作成プラン	30,000 円

オプション料金

①お墓の購入・墓じまい	10,000 円～
②生前整理・遺品整理	10,000 円～
③お墓の掃除	12,000 円
④お家や身の回りのお困りごと解決	5,000 円～

※表記はフィーに関する料金表です。（コミッション、紹介料等は除きます）

第 4 章

提案書の作成

1．FPにとって「提案書」とは

　ファイナンシャル・プランナー（FP）は顧客に対してファイナンシャル・プランニングという形のないコンサルティング・サービスを提供します。しかも、その内容は「顧客のライフプラン（人生設計）実現の支援」という非常に漠然としたものです。その中で唯一、形のある成果物が「提案書」であり、提案書はFPの商品であるといえます。

　顧問料やプラン作成料をいただく大切な商品ですから、提案書は体裁や見栄えも大切です。提案の内容だけでなく、提案書を丁寧に見やすく美しく仕上げることもFPの信頼感を高めることにつながります。

　FP業務には、キャッシュフロー分析や提案書作成のためのツールが欠かせません。キャッシュフロー表だけなら Excel 等の表計算ソフトを使いこなせる人は自分で作成できますが、しっかりと相談のステップを踏む習慣をつけるために、最初はFP向けに開発されているプログラムを購入して使うことをおすすめします。

（1）ファイナンシャル・プランニングの特徴

長期的な視点で、包括的に考える

　顧客がFPに相談にくる直接のきっかけは、住宅取得、教育資金の確保、保険の見直し、資産運用、相続設計など様々ですが、個々の問題は単独で判断できるものではありません。その人の一生を見通した長期的なライフプラン設計に照らして考えて初めて、最善の解決策が見つかるはずです。

　たとえば、顧客の目下の課題が住宅取得であったとしても、教育資金や老後資金などを含めて長い人生をその人がどのように生きていきたいと考えているのか、これからどんなことが起こりそうか、あらゆる要素を考慮する必要があります。顧客の状況を包括的にとらえ、長期的な視点で、顧客が安心して希望に合った住宅を購入できるようにアドバイスをするのがファイナン

シャル・プランナーです。

　いちいちライフプランに沿ってファイナンシャル・プランを作成するのは面倒だと思われるかもしれませんが、家族全体の状況や将来の希望を詳しくヒアリングし、キャッシュフロー分析に基づいた提案書を作成するという手順を踏むのがＦＰの仕事（ファイナンシャル・プランニング）なのです。

ライフプランの主役は顧客である

　ライフプランを実行するのは顧客本人です。提案書作成の準備として顧客が質問シートに記入したり、自分の希望をＦＰに話したりすることは、現状を見つめ直すのに大いに役立ちます。さらにＦＰが面談や提案書を通じて顧客の状況や考えを整理してあげることで、顧客自身の希望が明確になっていきます。そのために何をすべきか、これからの行動計画の優先順位もつけられるようになるでしょう。

　提案書はＦＰが一方的に作成して完成ではありません。顧客と一緒に提案書を見ながら漏れや誤解がないかを確認し、ファイナンシャル・プランをより具体的に、より顧客自身の数字を反映したものに進化させていきます。顧客の希望を実現するにはどうしたらよいか、その方法について検討を重ねながら、顧客とＦＰとが一緒につくりあげていくのが提案書です。

（2）ＦＰ（ファイナンシャル・プランニング）の6ステップにおける提案書の位置づけ

「ファイナンシャル・プランニングとは次の6つのステップを踏むことである」と世界共通に定義されています。

＜ＦＰの6ステップ＞

Step1　顧客との関係確立とその明確化

Step2　顧客データの収集と目標の明確化

Step3　顧客のファイナンス状態の分析と評価

Step4　ファイナンシャル・プランの検討・作成と提示

Step5　ファイナンシャル・プランの実行援助

Step6　ファイナンシャル・プランの定期的見直し

（注）ＪＣＰＦＰではファイナンシャル・プランをシナリオプランと実行プランの2つに分けて考えます。

　第1ステップ「顧客との関係確立とその明確化」は、相談に入る前にＦＰが料金やサービス内容、自らのＦＰスタンスなどについて顧客に開示し、同意を得て契約関係を確立するというコンプライアンスの上で必要なステップです。

　この第1ステップを除く5つのステップはすべて、提案書作成のプロセスおよび提案書をベースとする実行や管理で、提案書に関わっています。つまり、ファイナンシャル・プランニング業務の核となるのが提案書だといえます。

　第2ステップ「顧客データの収集と目標の明確化」では、提案書作成に必要な情報を収集するとともに、顧客が何を実現したいのか、目標を確認します。その情報に基づき、キャッシュフロー分析を行なうのが第3ステップ「顧客のファイナンス状態の分析と評価」です。資金残高がマイナスになる

等の問題がないかを検討し、顧客の目標を達成するために資金面ではどんな条件をクリアできればよいのか、「ファイナンシャル・ゴール」を設定します。分析に基づき、問題点を解決しファイナンシャル・ゴールを達成するためにどうすべきか、方針を考えます。

　第4ステップ「ファイナンシャル・プランの検討・作成と提示」では、第2・第3ステップの内容を提案書の形にまとめ、顧客に提示して一緒に検討します。顧客の意見を聞きながら修正を重ね、ファイナンシャル・ゴールとその達成のための方針が決定したら、提案書の完成です。ＪＣＰＦＰでは、この提案書のことを「シナリオプラン」と呼んでいます。

　第5ステップ「ファイナンシャル・プランの実行援助」では、提案書＝シナリオプランに基づき、具体的な商品やサービスを盛り込んだ「実行プラン」を提示します。実行プランについて顧客の同意が得られたら、必要に応じて金融機関や専門家を紹介するなどの実行援助を行ないます。

　希望するライフプランの実現に向けて提案を実行した後も、顧客の状況や社会・経済情勢は日々変わっていきます。第6ステップに「ファイナンシャル・プランの定期的見直し」とある通り、いったんファイナンシャル・プランを実行した後も、プラン通りに進んでいるかどうかを定期的に確認する必要があります。顧客本人の人生や社会・経済情勢に予想外の変化が生じたときに迅速に対応できるよう、顧問契約を結んでおくことが理想的です。

２．提案書作成の手順

提案書作成の手順を具体的に確認していきましょう。

①顧客の基本情報の確認（家族情報、相談の目的、人生の夢や目標など） ②ライフイベント表の作成（これからの人生の実行計画） ③ライフイベントの予算化 ④現在の家計の把握（収入・支出、資産・負債、保険の加入状況など） ⑤ライフプラン実現のために使える資源の見積もり（将来の収入、現金化可能な資産）	Step 2
⑥キャッシュフロー表の作成 ⑦キャッシュフロー上の問題点の確認と対策 ⑧バランスシートの作成・分析 ⑨保険などリスクの分析 ⑩解説文の挿入など提案書としてのまとめ	Step 3

　①～⑤は提案書作成のために顧客データとして必要な要素です。この順番に情報を集めていくということではありません。

　顧客データの収集は、質問シートと面談によって行ないます。初回面談の際に①～⑤について概要をヒアリングし、質問シートをわたします。資産・負債や保険加入の状況について記入が煩雑になる場合は、口座情報、ローン返済表、保険証券のコピー等を添付してもらうように伝え、顧客の都合を考慮しながら提出期限（返送期限）と次回面談日を決めます。

　⑥～⑩の分析には、ＦＰ向けに開発されているファイナンシャル・プランニングのプログラムや Excel などの表計算ソフトを利用します。

（1）面談時の顧客データの収集

　顧客データの収集には質問シート、ライフイベント表等のシートを利用します。詳細は持ち帰って顧客に記入してもらいますが、面談の際に、大まかな数字を押さえながら背景にある顧客の考え方や思いを聞きます。ファイナンシャル・プランニングには顧客の人生観、価値観を理解することが大切です。顧客に対する好意的関心を持って面談に臨み、顧客の言葉や表情などにも注意し、価値観、性格、家族間の人間関係などをつかむように努めます。

　特に、なぜ相談しようと思ったのかという直接のきっかけや目的は、しっかり確認しておく必要があります。顧客が最初に語った目的の裏に、顧客自身も認識していない別の不安や課題が隠れていることもありますので注意してください。また、相談を進めていくうちに徐々にそれが見えてくることもあります。顧客の抱えている不安や問題の本質が何かを、追求し続けていく姿勢が大切です。

　ライフイベント表は、顧客のこれからの人生設計を整理するのに役立ちます。面談の際に家族の名前と年齢を記入し、一緒にお子さんの進学や退職などわかりやすいイベントを書き込みながら、顧客が取り組みやすいようにきっかけづくりをします。

　時間軸が目に見える形の表になっていますので、顧客の頭の中で漠然としていた将来設計を具体化する助けになります。数十年後の将来像についても、顧客がどのような生活を思い描いているのか、自然に希望を語ってもらうことができます。

（2）質問シート等への記入の依頼

　初回面談で、質問シートとライフイベント表をわたします。パソコンでデータ入力できる顧客にはｅメールでもシートを送りますが、家族で将来設計を話し合うためには紙ベースのシートが便利です。

　シナリオプランは、現在の家計状況の全体像をつかみ、長期的な傾向をシ

ミュレーションすることが目的です。顧客に質問シートをわたすとき、「記入する数値の正確性にこだわりすぎず、まず記入できる項目と手元の資料を提出してほしい」と伝えます。プログラムを使用すれば、データの訂正や追加が容易にできますので、最初から完璧な分析を目指す必要はありません。

（3）目標の明確化

「ＦＰの６ステップ」の第２ステップは「顧客データの収集と目標の明確化」です。顧客との信頼関係ができていれば「顧客データの収集」は問題なく進められますが、「目標の明確化」については、顧客自身が将来の希望をはっきりと認識していない場合もあり、すぐに答えが出るとは限りません。

　ファイナンシャル・プランニングにおける「目標」とは「ファイナンシャル・ゴール」です。面談で聞き出した顧客の人生の夢や目標をお金に置き換え、「いつ（までに）、いくら」という資金計画上の目標を設定します。

　ファイナンシャル・プランニングは生涯にわたる資金計画ですから、計画の最終時点は平均余命または100歳くらいに設定します。そこに至るまでに、「家を買いたい」「こんな仕事がしたい」「旅行に行きたい」等々、顧客自身が実現したいことがいくつもあるはずです。一方、積極的に収入を増やして資産形成するという面では、年齢的な限界があります。よって、ファイナンシャル・プランには、思うように生きて安心して100歳を迎えるためには、「いつ（までに）、いくら」準備できればよいのか、「目標＝ファイナンシャル・ゴール」を設定することが必要なのです。

　ＦＰは、面談でのヒアリングや質問シートのデータ等をもとにキャッシュフロー分析を行ないながら、顧客のファイナンシャル・ゴールを想定します。しかし、ＦＰが一方的に決めるものではありません。ファイナンシャル・ゴールを決めるのも達成するのも顧客です。そのファイナンシャル・ゴールでよいのか、顧客が納得できるまで話し合います。顧客がファイナンシャル・ゴールの達成に向かって積極的に動けるよう、動機付けの観点からも支援するのがＦＰの仕事といえます。

（4）キャッシュフロー分析～プログラムへのデータ入力

　顧客から質問シートや保有資産に関する資料が提出されたら、そのデータをもとにキャッシュフロー分析を行ないます。保険の見直し、住宅資金計画、資産運用、相続関連など様々な相談がありますが、ＦＰが相談を受ける場合は、キャッシュフロー分析によるファイナンシャル・プランニングがその核となります。

　入力前または入力しながら、データを確認し、不明な点があれば、まとめて顧客に確認します。

　個々の項目に関して気をつけたいポイントは、本章の最後にある質問シートの例を参照してください（137頁）。

（5）問題点の確認

　100歳くらいまでのキャッシュフロー表を作成し、資金残高が極端に少なくなったり、マイナスになったりする時期がないかを確認します。資金残高がマイナスになるということは、そこで生活が破綻することを意味します。資金がプラスで推移していれば、希望している人生が実現できることになりますが、できれば残高500万円程度の最低ラインを割り込まないようにしたいものです。

　ここであらかじめ想定していたファイナンシャル・ゴールと対照し、そのファイナンシャル・ゴールが達成できれば、本当に顧客のライフプランが実現できるのか＝100歳まで十分なキャッシュフローが確保できるのか、確認します。確認できたら、問題点を解決しファイナンシャル・ゴールを達成できるよう、対策プランを考えていきます。

（6）対策プランの考え方

　ファイナンシャル・プランニングでは、これからの人生で必要な支出の合

計額をこれから見込まれる収入の合計と現在の資産とで賄うことができるかどうかをみます。これをバランスシートの形式を使って図に表したものが「ライフプランのバランスシート」です（図参照）。

現在から100歳くらいまでの支出の合計を左側に、収入の合計を右側に記入し資産をあてはめ、左右のバランスを確認します。左右のバランスをみて、右（収入＋資産）のほうが大きければ問題ありませんが、左（支出）が大きい場合は対策が必要だとわかります。

その対策は、左側を削るか、右側を増やすかのいずれかしかありません。左側を削るのは支出を減らすこと、すなわちライフプランの見直しです。右側を増やす方法としては、「収入を増やす」「資産を運用して増やす」の2つがあります。

この「ライフプランのバランスシート」を用いると対策プランの考え方がわかりやすいので、顧客への説明にも有効です。

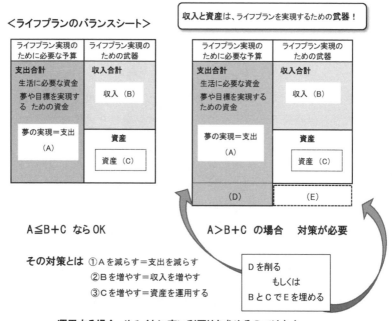

（7）キャッシュフロー上の問題点の解決法

　キャッシュフローがマイナスになるという問題を解決し、ファイナンシャル・ゴールを達成する方法は3つです。

> ① 支出を減らす　　② 収入を増やす　　③ 資産を運用する

　資金が足りなくなる場合、顧客はまず生活費の節約・倹約をイメージしがちですが、節約・倹約のアドバイスはFP本来の業務ではありません。

　ファイナンシャル・プランニングの視点では、解決のための対策は、「③資産を運用する→②収入を増やす→①支出を減らす」の順番に考えていきます。なぜなら、「支出を減らす」ことは、すなわちライフプラン（人生の夢や目標）を見直すことであり、できるだけ避けたいからです。

　ただし、節約・倹約ではなく、大きな固定費を見直すことで支出を減らせる可能性もあります。生命保険と住宅ローンの見直しがその代表例です。生命保険と住宅ローンは多くの顧客の家計に関係していますので、まず生命保険と住宅ローンがライフプランに合った適正なものであるか、無駄がないかを最初に確認します。

> ＜キャッシュフローを改善する対策の順番＞
> ① 大きな固定費（生命保険、住宅ローン等）を見直して
> 　無駄な支出を減らす
> ② 資産を運用して資金を増やす
> ③ 収入を増やす方法を考える
> ④ ライフプランを見直す

①生命保険、住宅ローンの見直しの余地がないかを確認する

　生命保険は年齢や家族構成によって保障内容を見直していく必要がありますが、若い時に加入してそのままにしていたり、追加で加入して保障が過剰になったりしている人も少なくありません。具体的な見直しは実行プランの段階になりますが、まず「現在支払っている保険料に無駄がないか」という視点で確認します。

　住宅ローンは、個人でも抵抗なく数百万円から数千万円という多大な負債を背負っています。ほとんどの人が元利均等返済で20～30年という長期のローンを組んでいるため、わずかな金利差で返済負担は大きく変わってきます。超低金利状態が長く続いており、以前ほど大きな見直し効果が期待できるケースは多くありませんが、住宅ローンの借入金利と返済スケジュールは必ずチェックします。最近は、返済中の金融機関でも金利引き下げ交渉に応じてくれるところもあります。

　住宅ローンについては、返済負担だけでなく、バランスシートの視点で見ることも必要です。住宅の時価がローン残高を下回ると、売却してもその代金だけではローンを完済できません。残債が多いと債務超過に陥っている可能性もあります。近隣の不動産売買価格などをリサーチして顧客の住宅の時価がどれくらいかを把握しておくことが大切です。自動車ローンなど住宅ローン以外の負債があるときは、それらも含めて家計のバランスシートを作成します。

　提案書（シナリオプラン）はキャッシュフロー分析が主体ですが、バランスシートを作成することで家計の健全性がチェックできます。負債については質問シートへの記入もれが起こりがちです。住宅ローンの内容確認からバランスシートの説明をすると、情報を引き出しやすいと思われます。

②資産を運用する

　対策プランのメインは資産運用です。現在は1年から10年まで定期預金の利率がすべて0.002％（2020年7月現在）という超低金利ですが、公的年金を運用する年金積立金管理運用独立行政法人（GPIF）の長期的な運用目標は、「賃金上昇率＋1.7％」とされています。ファイナンシャル・プランニ

ングにおいては、実質 1.7% 以上の平均利回りは確保したいところです。

　キャッシュフロー表を作成した後、運用利回りの数値を変えることで資金残高がどのように変わるかをみます。収支が現状のままだとして、何パーセントで運用できればファイナンシャル・ゴールが達成できるのか（＝ライフプランが実現できるのか）がわかるはずです。求められる利回りが高すぎる場合は、他の対策と合わせてファイナンシャル・ゴールの達成を目指すことになります。

　ＦＰは顧客の資産や人生を包括的に視野に入れたプランニングをします。金融商品による運用だけでなく、不動産などの他の資産も活用できないかと考えます。自宅を含め不動産がある場合は、現金化して必要な費用に充てることはもちろん、賃貸にしたり、売買して資産を組み替えたりするなど有効活用して収入増を図る対策も検討します。

③収入を増やす

　確実に「収入を増やす」対策があれば大きな力となりますが、実際には簡単ではありません。収入を増やそうとすると、生活のためにリタイア時期を遅らせる、不本意な仕事に就く、仕事をしていない配偶者に働いてもらうなど、ライフプランの見直しにつながりますので、慎重に検討したいものです。

　これからは様々な働き方が考えられます。転職、副業、起業など顧客が積極的に取り組みたいことがあれば、その準備に必要な支出とともに将来の収入増をファイナンシャル・プランに組み入れていきます。定年に縛られず社会との関わりを持って長く続けられる仕事を見つけることができれば、キャッシュフロー上も大きな安心要素になるはずです。面談の中で顧客及び配偶者の仕事観、人生観をよく聞き、現職の収入見込みだけでなく、今後のキャリアプランを把握しておきます。

　収入増のための対策としては、国民年金の満額受給を目指すために 60 歳以降も任意加入することや国民年金・厚生年金の繰り下げ受給の検討も考えられます。また、「資産を運用する」の項目で触れたように、資産を組み替えて安定的に不労所得が得られるような方向も提案できます。

134

④支出を減らす＝ライフプランを見直す

　①〜③の対策で解決できない場合は、支出＝ライフプランを見直すことになります。人生設計の中で何は譲れないのか、何は見直しの余地があるのか、顧客の意思をしっかり確認します。顧客と一緒にシナリオプランを検討しながら、見直しについて話し合っていきます。

（8）提案書（シナリオプラン）のまとめ

　ここまでの作業で、ＦＰの6ステップの第3ステップ「顧客のファイナンス状態の分析と評価」までが終了しました。次に第4ステップ「ファイナンシャル・プランの検討・作成と提示」に進みます。ＦＰは、顧客から得た情報・データをもとに現状及びその分析を提案書の形にまとめ、それを顧客に提示し、顧客と一緒にシナリオプランをつくりあげていきます。

　シナリオプランは、顧客の現在の資産状況と今後のライフプランを整理し、ライフプランを実現するための目標（ファイナンシャル・ゴール）を設定し、その達成のためのシナリオ（方向性、方針）を決定するものです。顧客からすると、自分の人生の夢や目標の成否がかかっている重要なものであり、ＦＰから提案されてそれでＯＫということはないはずです。顧客と一緒に検討し、顧客が納得するまで何度も修正を加えていくことになります。

　最初から完璧な提案書を目指そうとしても無理です。分析の精度にこだわって時間をかけるよりも、ライフプラン作成に対する顧客の熱意が冷めないうちに第1回目の提案書を見せることが大切です。

　現状分析のもとになるデータにしても100％揃っているとは限りません。提案書作成中に情報の不足や不備に気づいたときは、内容によって顧客に連絡して確認したり、統計データ等で代用したりします。何の数値を用いたのかなどシミュレーションの前提や考え方については、提案書に明記しておきます。そうすることで、検討の際に顧客に説明しやすく、不足や不備をもれなく確認することができます。修正や別のシミュレーションも容易になります。

　対策プランは最初から方針を一つに絞る必要はありません。前項の①〜④

の観点からＦＰが考えられる選択肢を挙げ、提案書に記載し顧客に提示します。対策プランはＦＰが決めるものではなく、顧客と話し合って顧客がどのようにしたいのかを決定します。

　ここで注意すべきことがあります。シナリオプランは長期的な視点でのキャッシュフロー分析が主体ですが、顧客が相談に訪れた直接的な動機に対してきちんと答えることも忘れないでください。顧客のニーズをしっかり受け止め、アドバイスすることが信頼関係の基本となります。

（9）提案書（シナリオプラン）の提示、検討、完成

　第1回目の提案書（シナリオプラン）ができたら、顧客に送るか、面談しながら説明するかして、一緒に検討します。提案書を作成しながら疑問に思った点は顧客に確認し、修正を加えていきます。

　顧客によっては、何度もやりとりすることを面倒だと感じる人もいますが、ここでお互いに納得できるまで手間と時間をかけることで関係性が強くなり、次の第5ステップ「ファイナンシャル・プランの実行援助」へスムーズに進むことができます。面談の時間を取れない場合は、eメールや Web 会議ツール等を活用します。

　検討を重ねた結果、ファイナンシャル・ゴールと対策プランの方針が決定したら、シナリオプランの完成です。

（10）実行プランの作成と実行支援

　シナリオプラン完成後、そのシナリオに沿って実行プランを作成します。実行プランでは、保険や投資信託、不動産など具体的な商品や物件を提案し、購入、契約などの実行を手伝います。相続や事業承継については必要な専門家と一緒に進めます。

　独立系のファイナンシャル・プランナーには、保険代理店や金融商品仲介業者に所属し保険や投資信託の販売ができる立場にある人もいれば、宅建業の登録をしている人、税理士など士業の資格を持っている人もいます。ただ

し、実行支援業務を行なう資格を持っていても、すべての業務について精通しているとは限りません。ＦＰは非常に幅広い分野を扱うだけに、自分一人ですべての分野においてプロフェッショナルレベルの情報と能力、ノウハウを身に付けるのは不可能だといえるでしょう。関連分野の実務に精通し、一緒に動いてくれる専門家をどれだけ知っているかが勝負になります。

　実行支援にあたって、ＦＰは顧客の側に立ち、顧客のためにふさわしい専門家を選び、必要なことを依頼するコーディネーターの役割を果たします。顧客のニーズや状況はそれぞれ異なります。定型的な対応では顧客の利益を最大化することはできません。一人ひとりの顧客に応じて、業態の垣根なくテーラーメイドのプランを提案できるのが独立系ファイナンシャル・プランナーの醍醐味です。

　真に顧客に合った高度な実行プランを提案するためには、自己研鑽のみならず、外部の様々なタイプの専門家との提携が重要です。関連分野について気軽に相談できるスペシャリスト、難しいケースの実行プランにも高度なノウハウを提供してくれるプロフェッショナル、実行支援を手伝ってくれるフットワークの良い営業マンなど、一つの分野でも複数の専門家が必要です。

（11）アフターフォローと顧問契約等による相談の継続

　第6ステップは「ファイナンシャル・プランの定期的見直し」です。ファイナンシャル・プランニングの目的は顧客が望む人生を実現することですから、ＦＰは顧客の人生の伴走者のような関係であるべきです。ファイナンシャル・プランが完成して相談終了、プランを実行して終了ではなく、顧問契約等を通じて長期的に関係を継続していく必要があります。シナリオプランの通りに進んでいるか、見直すべき事項はないか、定期的に確認します。顧客の状況や経済情勢などの外部環境に大きな変化があったときは、シナリオプランを見直します。

　提案書（シナリオプラン）は、ＦＰの6ステップ全体を通じて顧客とＦＰの関係の軸となり、顧客のライフプランの拠り所となる重要な存在です。

▶プロフィール

質問シートにご記入頂いた内容を元に、今後のご家庭の収入・支出の推移やバランス、お子様の教育や転居、マイホーム購入、ご退職といった節目といった将来の増減等を試算し、さまざまな分析を行います。該当する項目にご記入下さい。

記入日	2020 年		2 月	1 日
ふりがな	さとう		だいすけ	
漢字	佐藤		大介	
住所	〒338-0001 さいたま市中央区上落合○-○-○			
	電話	048-111-1234		
	FAX	同　上		
e-mail	***111@gmail.com			

弊社から電話連絡させて頂く際のご連絡先をご記入下さい。

ご連絡先(ご自宅・会社・携帯等)		電話番号	連絡可能な時間帯
携帯		090-1111-1111	いつでも可

どのような手段での連絡を希望されているか、確認しておきましょう。ご夫婦の場合は、連絡窓口を決めておくと便利です。

**ライフプラン
質問シート**

質問シートをわたすときは、目安としておおよその提出期限を決めておきましょう。
質問項目が多いですが、顧客には「記入しづらい箇所、わからない点は、後で直接お聞きしますので、わかる範囲でご記入ください」と伝えます。
資産、保険の加入状況は金融機関の口座明細、保険証券のコピーがあれば記入は不要です。

▼支出プラン

2. 年間必要生活資金

年間必要生活資金についてご記入下さい。

	年齢	いつから(西暦)	いくら(年額)
<現在>	45 歳	2020 年	360 万円
	62 歳	2037 年	300 万円

特別な出費を除いた年間生活費がざっくりいくらぐらいかを記入してもらいます。退職やこどもの独立など、生活が大きく変わるときは生活費も変わるはずです。
シナリオプラン(キャッシュフロー分析)では生活資金の内訳は必要ありません。
顧客が「生活費を節約したい」など家計分析を希望の場合は、別途資料をもらっておきましょう。(キャッシュフロー分析後に対策を考えるときには参考になります。)

3. ライフイベント資金

生活費以外のライフイベント資金についてご記入下さい。

事由	いつから(西暦)	いつまで(西暦)	いくら(年額)	発生頻度
車の買い替え	2022 年	2036 年	250 万円	7 年毎
家族旅行	2020 年	2034 年	20 万円	1 年毎
家族で海外旅行	2030 年	2030 年	100 万円	1 年毎
夫婦で退職旅行	2040 年	2040 年	150 万円	1 年毎
夫婦で旅行	2041 年	2050 年	50 万円	1 年毎
	年	年	万円	年毎
	年	年	万円	年毎
	年	年	万円	年毎
	年	年	万円	年毎
	年	年	万円	年毎

車など高額な耐久消費財の購入、家族旅行などのレジャー、大学や専門学校での学び直し、起業・独立など、今後のライフプラン(人生設計)に沿って必要となる資金について記入してもらいます。

1. 家族情報

ご家族情報について、ご記入下さい。
将来のご出産予定がある場合には、予定の年も記入下さい。

姓	名	続柄	性別	年(西暦)	生年月日 月	日
佐藤	大介	世帯主	男	1975	9	6
	絵美	配偶者	女	1980	7	14
	大翔	長男	男	2011	5	13
	結菜	長女	女	2013	11	25

※ 特記事項

4. マイホームプラン

今後、マイホームの購入やリフォームなどは費用換えを予定されている方、また現在、住宅ローンを返済中の方はこちらにご記入下さい。

マイホーム購入（これから）

計画事項			計画時期（西暦）	2020 年		45 歳
予算	4,400 万円	自己資金 900 万円	援助等	借入金	3,500 万円	

借入金の内訳

借入先	金利	返済期間	借入額	年間返済額	現在残	回信
みどり銀行	1.30%	35 年	3,500 万円	140 万円	万円	□
	%	年	万円	万円	万円	□
	%	年	万円	万円	万円	□
	%	年	万円	万円	万円	□

計画事項			計画時期（西暦）	年		歳
予算	万円	自己資金 万円	援助等 万円	借入金	万円	

借入金の内訳

借入先	金利	返済期間	借入額	年間返済額	現在残	回信
	%	年	万円	万円	万円	□
	%	年	万円	万円	万円	□
	%	年	万円	万円	万円	□
	%	年	万円	万円	万円	□

現在返済中の住宅ローン、これからマイホームを購入する場合の資金計画、住宅リフォームなどの資金計画などを記入してもらいます。

5. 教育資金

お子様の教育費用のご予定（年額）をご記入下さい。

お子様のお名前	大期（年）	金額	結果（年）	金額	年	金額
幼稚園入園		万円		万円		万円
幼稚園（年少）		万円		万円		万円
幼稚園（年長）		万円		万円		万円
小学校入学		万円	2020年	10 万円		万円
小学校1年		万円		24 万円		万円
小学校2年		万円		24 万円		万円
小学校3年	2020年	24 万円		24 万円		万円
小学校4年		24 万円		24 万円		万円
小学校5年		24 万円	2025年	24 万円		万円
小学校6年		24 万円		24 万円		万円
中学校入学		20 万円		20 万円		万円
中学1年	2025年	36 万円		36 万円		万円
中学2年		36 万円		36 万円		万円
中学3年		50 万円	2030年	50 万円		万円
高校入学	2030年	50 万円		100 万円		万円
高校1年		36 万円		100 万円		万円
高校2年		50 万円		100 万円		万円
高校3年			2035年	100 万円		万円
大学・専門学校入学	2035年	100 万円		100 万円		万円
大学1年・専門学校1年		100 万円		100 万円		万円
大学2年・専門学校2年		100 万円		100 万円		万円
大学3年・専門学校3年		100 万円	2039年	100 万円		万円
大学4年	2036年	100 万円				万円
大学院修士課程1年・大学5年						万円
大学院修士課程2年・大学6年						万円
合計		910 万円		1,196 万円		万円

基本生活費に含まれていない子どもの教育資金です。平均的な教育費データがプログラムに入っていますが、志望校や進路が決まっている場合は、実際に見込まれる必要金額を調べて記入してもらいます。

6. その他特別支出

生活資金・ライフイベント資金に該当しない特別な支出についてご記入下さい。
例）お子様への資金援助、親御さんやご自身の介護のための費用など

事由	いつから(西暦)	いつまで(西暦)	いくら(年額)
結菜 結婚資金援助	2040 年	2040 年	200 万円
大翔 結婚資金援助	2041 年	2041 年	200 万円
	年	年	万円
	年	年	万円
	年	年	万円
	年	年	万円
	年	年	万円
	年	年	万円

子どもへの結婚資金や住宅資金の援助、親や親族への仕送り、資金援助などを記入します。

▼収入プラン

7. 個人収入

個人収入についてご記入下さい。※ 年額欄には、可処分所得(手取り収入)をご記入下さい。

名前	収入項目	いつから(西暦)	いつまで(西暦)	年額	上昇率(年)
大介	給与(主)	2020 年	2035 年	500 万円	%
大介	給与(主) 雇用継続	2036 年	2040 年	300 万円	%
結美	給与(副)	2020 年	2040 年	240 万円	%
		年	年	万円	%

税金(所得税・住民税)と社会保険料を引いた後の手取り金額を記入してもらいます。源泉徴収票(所得税、社会保険料)と毎月の給与明細(住民税)があればわかります。メイン収入のほか、不動産収入など継続的な収入がある場合はここに記入します。

8. 年金収入

年金収入についてご記入下さい。

名前(受取人)	収入内容	いつから(西暦)	いつまで(西暦)	年額
大介	老齢厚生年金	2041 年	2074 年	122 万円
大介	老齢基礎年金	2041 年	2079 年	78 万円
結美	老齢厚生年金	2045 年	2079 年	47 万円
結美	老齢基礎年金	2045 年	2079 年	78 万円
		年	年	万円
		年	年	円

公的年金は年金定期便を参考にしてください。そのほか、企業年金やiDeCo、個人年金があれば記入してもらいます。

▼資産状況

10. 金融資産（預貯金等）

現在、お持ちの金融資産（預貯金等）を種類別にご記入下さい。

種類	金額	備考
普通預金（通常貯金）	100 万円	大小（みどり銀行 100万円）
定期性預金（貯金）	800 万円	大小（みどり銀行 700万円）、総美（あかね銀行 100万円）
外貨預金	万円	
その他預貯金	万円	
合計	900 万円	

11. 金融資産（株式・投資信託等）

現在、お持ちの金融資産（株式・投資信託等）を種類別にご記入下さい。

種類	金額	備考
債券	万円	
株式	万円	
投資信託	200 万円	総美（しろがね証券 200万円）
その他	万円	
合計	200 万円	

シナリオプラン（キャッシュフロー分析）で使用するのは家庭の金融資産の総額と大まかな分類だけです。質問シートには細かいことが記入できないため、ご夫婦それぞれの口座明細（銀行、証券会社等）など別途資料をもらっておきましょう。

9. その他収入

その他の収入についてご記入下さい。　　　例）不動産売却など

名前	収入内容	いつから（西暦）	いつまで（西暦）	年額	上昇率（毎）
大小	退職金	2035 年	2035 年	1,000 万円	％
		年	年	万円	％
		年	年	万円	％
		年	年	万円	％

退職金、不動産売却による収入など、一次的な収入を記入してもらいます。

13. その他資産

現在、所有しているその他の資産をご記入下さい。

	資産①	資産②	資産③
種類			
名義			
購入日			
購入価格	万円	万円	万円
時価	万円	万円	万円
相続税評価額	万円	万円	万円
上昇率	%	%	%
現金化/金額	□可 □不可　万円	□可 □不可　万円	□可 □不可　万円
備考			

	資産④	資産⑤	資産⑥
種類			
名義			
購入日			
購入価格	万円	万円	万円
時価	万円	万円	万円
相続税評価額	万円	万円	万円
上昇率	%	%	%
現金化/金額	□可 □不可　万円	□可 □不可　万円	□可 □不可　万円
備考			

金などの貴金属、絵画、骨董などその他の資産があれば記入してもらいます。

12. 不動産

現在、所有している不動産をご記入下さい。

件名／所在地 [　　　　　]
名義 [　　　　　] 取得時期 [　　年　　月]

	土地　㎡・坪	建物　㎡・坪
面積		
購入価格	万円	万円
時価	万円	万円
路線価／固定資産税評価額	万円	万円
現金化	□可 □不可	
備考		

件名／所在地 [　　　　　]
名義 [　　　　　] 取得時期 [　　年　　月]

	土地　㎡・坪	建物　㎡・坪
面積		
購入価格	万円	万円
時価	万円	万円
路線価／固定資産税評価額	万円	万円
現金化	□可 □不可	
備考		

自宅、投資物件、相続した物件など所有している不動産についてご記入してもらいます。
シナリオプランニングの段階ではどのような資産を持っているのかを把握することが重要です。価格などはわかる範囲でかまいません。

▼保険

※ 年間保険料に5万円未満の端数が発生する場合は、切り上げてご記入下さい。

14. 生命保険

現在、加入している生命保険・生命共済について、保険証券のコピーを添付するか、下記にご記入下さい。
（コピー添付の場合は、記入不要です。）

保険会社	契約者		保険金額		解約返戻金
もえぎ生命	大介	死亡時	2034 年まで	3,500 万円	万円
		満期時	2074 年まで	300 万円	
			年	万円	
保険種類	被保険者		保険料		
定期付終身保険	大介	年額	2020 年から 2029 年まで	36 万円	
		月払・年払	2030 年から 2039 年まで	48 万円	
		一括払い	年から 年	万円	

保険会社	契約者		保険金額		解約返戻金
		死亡時	年まで	万円	万円
		満期時	年まで	万円	
			年	万円	
保険種類	被保険者		保険料		
		年額	年から 年まで	万円	
		月払・年払	年から 年まで	万円	
		一括払い	年から 年	万円	

> 生命保険は商品ごとに内容が異なり、質問シートには記入しづらいと思われます。できれば保険証券のコピーをもらっておきましょう。

15. 医療保険

現在、加入している医療保険・医療共済について、保険証券のコピーを添付するか、下記にご記入下さい。
（コピー添付の場合は、記入不要です。）
保険料の払込期間及び保障期間が終身の場合は、被保険者が99歳時の西暦年を繰り上げてご記入下さい。
※ 年間保険料に5万円未満の場合は、切り上げてご記入下さい。

保険会社	契約者		保険金額		
ペンギン生命	大介	死亡時	年まで	万円	
		満期時	年	万円	
保険種類	被保険者		保険料（月払・年払い等の年額）		
医療保険	大介	年額	2020 年から	2055 年まで	4 万円
		月払・年払	年から	年まで	万円
<保障内容>		一括払い	年から	年	万円

保険会社	契約者		保険金額		
パンダ生命	絵美	死亡時	年まで	万円	
		満期時	年	万円	
保険種類	被保険者		保険料（月払・年払い等の年額）		
医療保険	絵美	年額	2020 年から	2060 年まで	4 万円
		月払・年払	年から	年まで	万円
<保障内容>		一括払い	年から	年	万円

> 医療保険も質問シートには記入しづらいと思われます。できれば保険証券のコピーをもらっておきましょう。

▼積立

17. 積立

現在、積立をしている金融商品をご記入下さい。

商品	金融機関	名義	年間積立額	現在残高	積立期間	
		積立形態	万円	万円	年から	年まで
				目標額　　万円		備考

商品	金融機関	名義	年間積立額	現在残高	積立期間	
		積立形態	万円	万円	年から	年まで
				目標額　　万円		備考

商品	金融機関	名義	年間積立額	現在残高	積立期間	
		積立形態	万円	万円	年から	年まで
				目標額　　万円		備考

商品	金融機関	名義	年間積立額	現在残高	積立期間	
		積立形態	万円	万円	年から	年まで
				目標額　　万円		備考

iDeCo、つみたてNISA、財形など、積立形式で購入している金融商品があれば記入してもらいます。

---

16. 損害保険

現在、加入している損害保険・損害共済について、ご記入ねします。
保険証券のコピーを添付するか、下記にご記入下さい。（コピー添付の場合は、記入不要です。）

保険会社	契約者		保険金額	
りんご損保	大介	死亡時		万円
		満期時	年まで	万円
保険種類	保険の対象		年	年まで
火災保険	自宅		保険料（月払・年払等の年額）	
		年額	2020 年から 2074 年まで	3 万円
		月払・(年払)	年から 年まで	万円
<保障内容>		一括払	年 年まで	万円

保険会社	契約者		保険金額	
みかん海上火災	大介	死亡時		万円
		満期時	年まで	万円
保険種類	保険の対象		年	年まで
自動車保険	車		保険料（月払・年払等の年額）	
		年額	2020 年から 2044 年まで	7 万円
		月払・(年払)	年から 年まで	万円
<保障内容>		一括払	年 年まで	万円

損害保険についても、できれば保険証券のコピーをもらっておきましょう。

▶ 将来の夢・ご希望

19. 将来の夢・ご希望

これからのライフプランの具体的な内容、プラン作成にあたってのご希望事項について、ご記入下さい。

現在は社宅住まいですが、今年（2020年）、長女が小学校に入学したのを機に、子ども部屋が2つ確保できるマンション（3LDK）を購入したいと思っています。

子どもたちには、本人が希望する教育を受けられるように応援したいです。まだ小学生なので進路はわかりませんが、高額の志向を考慮すると大学まで公立を想定しています。長男の子なので夫婦で就職すると家を出る可能性が高いですが、次男が大学を卒業するまでは、毎年の家族旅行は続けたいというのが独身たちが独立した後のことは、まだ現実的には考えられていませんが、子どもたちが結婚するときには感動したい、ということと、夫婦で旅行を楽しみたいと思っています。

いま、マンション購入にあたって、このまま将来まで大丈夫なのかが心配です。できればマイホームを持ちたいので、適正な予算や将来に向けた注意点のアドバイスをお願いします。

顧客の夢や希望、価値観などが語られる大事な部分です。

あまり書かれていないときは、面談の中で質問をして聞き出すようにしましょう。

この部分や面談から顧客が相談に訪れた目的、背景などをしっかり把握し、顧客がその答えを出す判断材料となるように提案書を作成します。

▶ ローン

18. ローン

現在返済中のローン（住宅ローン以外）をご記入下さい。

内容	名義	現在残高	借入先
借入金額		万円	
年間返済額		万円	年から　年まで
金利		％	□固定型　□変動型
団体信用保険	□加入　□非加入		
備考			

内容	名義	現在残高	借入先
借入金額		万円	
年間返済額		万円	年から　年まで
金利		％	□固定型　□変動型
団体信用保険	□加入　□非加入		
備考			

内容	名義	現在残高	借入先
借入金額		万円	
年間返済額		万円	年から　年まで
金利		％	□固定型　□変動型
団体信用保険	□加入　□非加入		
備考			

自動車ローン、投資不動産のローン、フリーローンなど借入金を記入してもらいます。

146

ライフイベント表

ライフイベントとその予算を記入してください。		現在	1年後	2年後	3年後	4年後	5年後	6年後
		########	2021	2022	2023	2024	2025	2026
		令和2年	令和3年	令和4年	令和5年	令和6年	令和7年	令和8年
		平成32年	平成33年	平成34年	平成35年	平成36年	平成37年	平成38年
		昭和95年	昭和96年	昭和97年	昭和98年	昭和99年	昭和100年	昭和101年
	生年月(日)							
世帯主	年 月	45	46	47	48	49	50	51
佐藤大介	1975年9月	マンション購入		クルマ買替				
配偶者	年 月	40	41	42	43	44	45	46
絵美	1980年7月	←			毎年、家族旅行			→
子	年 月	9	10	11	12	13	14	15
大翔	2011年5月	小3(公立)				中学校入学(公立)		
子	年 月	7	8	9	10	11	12	13
結菜	2013年11月	小学校入学(公立)						中学校入学(公立)
子	年 月							
ほか	年 月							

		16年後	17年後	18年後	19年後	20年後	21年後	22年後
		2036	2037	2038	2039	2040	2041	2042
		令和18年	令和19年	令和20年	令和21年	令和22年	令和23年	令和24年
		平成48年	平成49年	平成50年	平成51年	平成52年	平成53年	平成54年
		昭和111年	昭和112年	昭和113年	昭和114年	昭和115年	昭和116年	昭和117年
	生年月(日)							
世帯主	年 月	61	62	63	64	65	66	67
佐藤大介	1975年9月	クルマ買替				完全引退退職記念旅行		
配偶者	年 月	56	57	58	59	60	61	62
絵美	1980年7月	子どもたち独立				退職		←
子	年 月	25	26	27	28	29	30	31
大翔	2011年5月						結婚	
子	年 月	23	24	25	26	27	28	29
結菜	2013年11月	大学卒業就職				結婚		
子	年 月							
ほか	年 月							

作成日　2020年 2 月 20 日

7年後	8年後	9年後	10年後	11年後	12年後	13年後	14年後	15年後
2027 令和9年 平成39年 昭和102年	2028 令和10年 平成40年 昭和103年	2029 令和11年 平成41年 昭和104年	2030 令和12年 平成42年 昭和105年	2031 令和13年 平成43年 昭和106年	2032 令和14年 平成44年 昭和107年	2033 令和15年 平成45年 昭和108年	2034 令和16年 平成46年 昭和109年	2035 令和17年 平成47年 昭和110年
52	53	54	55	56	57	58	59	60
		クルマ買替						退職→ 再雇用 （退職金）
47	48	49	50	51	52	53	54	55
			家族で 海外旅行		毎年、家族旅行			
16	17	18	19	20	21	22	23	24
高校入学 （公立）		大学受験	大学入学 私立文系				大学卒業 就職	
14	15	16	17	18	19	20	21	22
		高校入学 （私立・大学付属校へ）			大学入学 私立文系			

23年後	24年後	25年後	26年後	27年後	28年後	29年後	30年後	31年後
2043 令和25年 平成55年 昭和118年	2044 令和26年 平成56年 昭和119年	2045 令和27年 平成57年 昭和120年	2046 令和28年 平成58年 昭和121年	2047 令和29年 平成59年 昭和122年	2048 令和30年 平成60年 昭和123年	2049 令和31年 平成61年 昭和124年	2050 令和32年 平成62年 昭和125年	2051 令和33年 平成63年 昭和126年
68	69	70	71	72	73	74	75	76
		運転免許返上		毎年、夫婦で旅行				
63	64	65	66	67	68	69	70	71
32	33	34	35	36	37	38	39	40
30	31	32	33	34	35	36	37	38

第 5 章

独立ＦＰのサポート体制

1．独立ＦＰとして開業するために必要な準備

ＦＰの6ステップを実行するための準備

　第3章のＦＰサロンさいたま新都心における実践事例から、ＦＰ相談の分野は非常に幅広く、かつ相談のきっかけとなる喫緊の課題が何であっても、顧客の人生全体に関わってくるものであるとご理解いただいたと思います。したがって、住宅ローン、資産運用、保険、相続、終活といった相談テーマは、相談の入り口でしかありません。「ＦＰの6ステップ」を踏んでこそ、ファイナンシャル・プランニングの効果を十分に享受できるのです。

　ファイナンシャル・プランナー（ＦＰ）が6ステップを踏んで真価を発揮した仕事を全うするためには、①実務を学び経験すること、②実務ができる環境を整えておくことが必要です。

独立支援プログラムの活用

　ＦＰ資格を取得した皆さんは、必要な知識は学んでいます。完全に身についていなくても、大枠とポイントを押さえ、わからないことや疑問をどのようにして調べたらよいかがわかっていれば独立開業のスタートラインに立つことはできます。

　ＦＰには弁護士会や税理士会のような業務を始めるために加入しなくてはいけない業界団体はありません。対外的には、税務署に開業届を出すとか、ホームページを開設することくらいでしょうか。「今日からＦＰ事務所を始める」と宣言すれば、独立開業です。

　しかし、ＦＰ資格の講座やテキストは、顧客獲得の方法や面談のやり方、お客様から報酬をいただく方法など実務はまったく教えていません。ＦＰ事務所の業務実態を知らないままでは独立はできないでしょう。未経験の資格取得者を雇用してくれるＦＰ会社もほとんど存在しません。「ファイナンシャル・プランナー募集」と謳っていても、実際には保険募集業務など仕事の中身が違うこともあります。

　そこで活用したいのが独立支援プログラムです。インターネットで検索すると、たくさんの独立支援講座が挙がってきます。独立支援プログラムは講座でＦＰ事務所の実務を学ぶだけでなく、修了後は主催者が提供するビジネスプラットフォームの利用がセットされています。どの独立支援プログラムを受けるかによって開業後の方向性が決まるとも言えますので、主催者の考え方を十分に研究し、自分に合ったところを選ぶことが大切です。

ビジネスプラットフォームの必要性

　ＦＰがプランを作成してアドバイスをするだけでは、顧客はファイナンシャル・ゴールに向かって前に進むことはできません。顧客が確実にアドバイスを実行できるよう対策商品の購入まで見届け、継続してフォローできる体制を作って初めてＦＰの６ステップの実施、すなわちＦＰ業務を行なっているといえます。

「継続的なフォロー」を行なうためには、ＦＰが顧客の運用商品や保険商品を自分の管理下においているかどうかがポイントとなります。アドバイスをして終わりでは、顧客との関係も終わってしまいがちです。顧客の持つ金融商品（資産）を管理することで、継続的な関係を維持しやすくなります。顧客にとっても顧問契約を結ぶ意味がでてきます。

　ＦＰ自身が金融商品を販売することについては賛否両論があります。また、現在の日本では保険を扱うためには保険代理店の正社員になる必要があるなど制約もあるため、扱いたくてもできないＦＰも少なくありません。ＦＰ自身が金融商品の販売を行なわないとしても、商品の販売及びメンテナンスについて信頼できるプロとのネットワークを築いておくべきです。

ビジネスプラットフォームの活用

　ＦＰのビジネスプラットフォームのメインは、保険や投資信託などファイナンシャル・ゴールの実現に必要な金融商品を販売できるスキームです。日本で金融商品を扱うためには、必要な資格を取得するだけでなく、保険なら保険代理店、投資信託なら証券会社か金融商品仲介業者に所属しなくてはなりません。その部分についてはそれぞれの業界ルールに沿って業務を行なう

ことになりますので、ＦＰ業務と明確に切り分けて対応しなければなりません（ＦＰ業務とは相いれない要素が多く、非常にやりにくい面があります）。

　一方、金融商品を扱うために自分で直接、保険会社や証券会社と契約して保険代理店や金融証券仲介業者になるという考え方もあります。特に、保険業界や証券業界の経験者で顧客を持っている人はそのようなビジネスプランを考えがちですが、それではＦＰではなく保険代理店、金融商品仲介業者としての独立になります。

　保険代理店も金融商品仲介業者も、それを維持するためには契約している会社とのやり取りや事務などに時間と労力を割かれるうえ、ある程度の売り上げ（いわゆるノルマ）を求められます。独立当初の自分ひとり、ないしは小規模なＦＰ事業の中では負担が大きく、現実には難しいと思われます。収益の面でも、大規模な保険代理店や金融商品仲介業者のほうが手数料率（コミッション率）が高いので、多くの場合、直接契約するよりも有利です。いずれ規模が大きくなれば、ＦＰ会社の事業部門の１つとして保険代理店、金融商品仲介業を取り込み、プラン作成から実行支援まで社内で行なう顧客にとってベストなＦＰ会社になることができます。

　ＦＰに対してビジネスプラットフォームを提供している会社は、ＦＰの特性を理解したうえで、各業法の範囲内でできるだけＦＰ業務がやりやすいような社内ルールを整えてくれています。ただし、保険を扱う場合、業法上、社員として契約しますので、コンスタントに給与に相当する程度のコミッションをあげられることが条件になります。

２．ＪＣＰＦＰの具体的なサポート

　第４章でご理解いただけたと思いますが、**提案書（シナリオプラン）**は、顧客の資産形成（資産づくり、維持管理、そして次世代への承継）のベースであり、顧客とＦＰの関係の軸となる重要な存在です。

　ただ、提案書（シナリオプラン）が作成できればファイナンシャル・プランナーとして業務を確立できるかというとそうではありません。どんなビジネスでも同じですが、資格やツールだけでは成り立ちません。マーケティング戦略や顧客管理のシステム、そして何よりもファイナンシャル・プランナー自身がこれらを積極的に実践しなければ、ＦＰ業は成り立たず成功は見込めません。

　ＪＣＰＦＰでは、ファイナンシャル・プランナーとして独立しようとする人がファイナンシャル・プランニングを業として行ない、収益体制を確立するために次のようなプログラムや、バックアップ体制を用意しています。

（1）「JCPFP・FP独立プログラム」の受講

○主催
・NPO法人JCPFP（旧FP普及協議会）

○受講料
・100,000円（税別、受講後のフォローアップ研修、独立支援を含む）
　受講後はJCPFPの会員として会費が発生します。

○プログラムの特徴
・FPとして独立することを前提として、知識の習得ではなく、ファイナン
　シャル・プランニングの実務とFP事務所の運営を学ぶカリキュラム。
・ファイナンシャル・プランニングを中心に、資産管理や顧客管理までFP
　業務に必要なオリジナルのシステムを使用。
　（プログラム受講者に提案書作成ソフトを提供します）
・受講後も個別の独立支援やフォローアップ研修など継続メニューを用意。

○JCPFPの提案書（シナリオプラン）作成ソフトの特徴
・Excelシートなので入力が簡単。ファイルを顧客に送って、入力してもら
　うこともできます。
・データ入力後、クリックするだけで、一気に提案書ができあがります。
・提案書の中でキャッシュフロー表の数値を変えるだけで、自由に対策のシ
　ミュレーションができます。
・入力するファイルと別に提案書ファイルができるので、何度でも簡単に提
　案書が作成できます。
・キャッシュフロー分析に特化しているので、税制改正等の制度変更による
　更新は必要ありません。
・Excelの知識がある人なら、ご自身でカスタマイズ可能です。

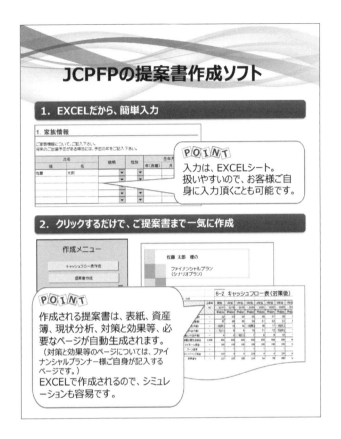

○受講後のフォローアップ体制

・提案書作成ソフトなどＦＰ業務支援システムの提供

　（クラウドサービス利用は別途料金が必要）

・ビジネスプラットフォームの提供（保険、証券など実行プランに必要なパートナー、各種専門家の紹介などを含む）

・独立に関する個別相談、個別指導（対応内容により別途料金が必要となるケースあり）

・フォローアップ研修

・独立後、ＦＰの実践度に応じてＰＦＰプラクティショナーの称号付与

※プログラム受講者は原則として、ＪＣＰＦＰのＦＰ会員となります。

　月会費　3,000円が必要です。

「PFP プラクティショナー」の認定基準＝CCQ

C：Comprehensive　Financial Planning
C：Clients
Q：Qualification

FP の６ステップを実践し、JCPFP が十分と認める顧問客を持ち、質の高いサービスを提供している FP。CFP、AFP または FP 技能士２級以上の資格、十分な期間の実務経験を積みレベルの高い FP と認められることが前提。

【プログラムカリキュラム（2020 年予定)】

日程（予定）	内容	講師
第1日 11月21日（土）	1．独立FPとしての基本スタンス 2．開業準備 3．独立FP事務所としての営業 4．コンサルテーションとバックオフィス 5．FP商品情報とFP商品の提供 6．マーケティング 　・セミナー、HP 　・インターネット、SNSの活用	独立FP 外部講師
第2日 11月22日（日）	1．シナリオプランの作成 　（ケーススタディ） 2．FPの6つのステップ 3．コンサルテーションの進め方	独立FP
第3日 11月28日（土）	1．PFPプラクティショナー 2．独立体験談 3．保険、証券等の商品の取り扱い	ＪＣＰＦＰ理事 ＪＣＰＦＰ会員ＦＰ 仲介業者・保険代理店等
第4日 11月29日（日）	1．実行プランの作成・資金運用プラン 2．ＦＰソフト（提案書作成、運用・管理）の紹介 3．ビジネスプランの作成	独立FP ＩＴ会社担当 ＪＣＰＦＰ代表

（2）ビジネスプラットフォームの提供

〇独立後、証券、保険、その他の金融商品の提供

　保険代理店、金融商品仲介業者など、必要に応じてＦＰのビジネスプラットフォームとなる事業主体をご紹介します

〇弁護士、税理士等の士業や不動産業者等の紹介。さらには信託契約等の対応先も紹介

（3）ファイナンシャル・プランニングのためのＦＰ業務支援システムの提供

・提供会社　あらたリテール・ファイナンシャル・サービス株式会社
・使用目的　オンラインによるファイナンシャル・プラン作成と資産運用・管理

【システムの概要】

　ＦＰ業務に必要なツールをクラウドサービスで提供します。

　※利用料金は、月1,000円〜、顧客数に応じて1人100円で追加（予定）
　＜主なツール＞
・提案書（シナリオプラン）作成ソフト
・必要保障額の算出
・資産運用提案
・住宅ローンなど各種シミュレーション
・資産管理
・顧客管理
・顧客ごとの専用ストレージ
※提案書作成ソフトは、プログラム受講者に提供するものと同じです。

　洗練された提案書を用いることで、ＦＰがファイナンシャル・プランの提案や資産状況の報告、資産運用の提案をわかりやすくお客様に伝えることができ、顧客のＦＰに対する信頼感の醸成や継続的な関係の構築、そして、長期的な事業収益の確保につながります。

　また、顧客の資産管理に必要な、個人情報を含む様々な資料を安全に保存するための、顧客ごとに専用クラウドストレージを用意しています。顧客からもアクセスできるように設定すると、提案書や資料をｅメールに添付して送る必要がなくなり、セキュリティも確保できます。

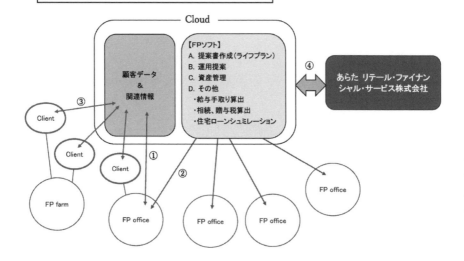

（4）その他

＜ＦＰ独立プログラムの協力組織・企業＞

　ＪＣＰＦＰでは、独立したＦＰが実務経験を積むために必要な支援体制を構築中です。実行プランのサポート、セミナー開催のサポート、個別相談のＯＪＴ、相談スペースの提供など、個々のＦＰの状況に応じて適切なパートナーを紹介します。

東京都

・ブライトリンクス株式会社
　東京都新宿区新宿 4-3-17 FORECAST 新宿 SOUTH CROSSCOOP6F
　URL：https://blinks.jp/

・ＭＩＳコンサルティング株式会社
　東京都港区三田２－１４－７
　https://www.mis-con.co.jp/

埼玉県

・ＦＰサロンさいたま新都心
　埼玉県さいたま市中央区上落合２－３－２MIO新都心
　URL：http://www.fpsalon-saitama.com/

神奈川県

・株式会社エフ・ピー・エス
　神奈川県横浜市都筑区中川中央 1-30-1
　プレミアヨコハマ 3F　ビズコンフォート＆ビズサークル
　TEL:0120-957-783

参考資料１

〇独立・開業までの流れ

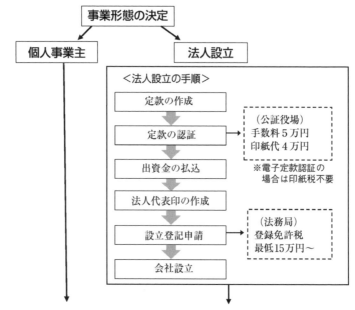

＜開業後に必要な届け出

提出先	個人事業		法人	
	提出書類	提出期限	提出書類	提出期限
所轄税務署	個人事業の開業届出書	事業開始の日から１カ月以内	法人設立届出書	設立登記の日から２カ月以内
	所得税の青色申告承認申請書	開業の日から２カ月以内	青色申告書の承認の申請	設立登記の日から３月を経過した日と最初の事業年度終了の日とのうちいずれか早い日の前日まで
都道府県税事務所および市町村役場 ※東京都２３区内は都税事務所のみ	事業開始等申告書	提出先自治体によって異なる ※東京都の場合、事業を開始した日から１５日以内	法人設立届出書	提出先自治体によって異なる ※東京都の場合、事業を開始した日から１５日以内

＜開業後、必要に応じて行なう手続き＞

提出先	個人事業	法人
（税務関係） 所轄の税務署	・青色事業専従者給与に関する届出書	・消費税課税事業者選択届出書 ・消費税簡易課税制度選択届出手続
	・減価償却資産の償却方法の届出書	・減価償却資産の償却方法の届出書 （届出を行なわなければ定率法）
	・給与支払い事務所の開設届出書 ・源泉所得税の納期の特例の承認に関する申請書	同左
（社会保険関係） 所轄の労働基準監督署	・労働保険の保険関係成立届 ・労働保険の概算保険料申告	同左
所轄の公共職業安定所 （ハローワーク）	・雇用保険適用事業所設置届 ・雇用保険被保険者資格取得届	同左
所轄の年金事務所		・健康保険・厚生年金保険 新規適用届 ・健康保険・厚生年金保険被保険者資格取得届 ・健康保険被扶養者（異動）届

○ＦＰ会社の定款における「目的」の記載例

　定款は、株式会社等の法人の目的、組織、活動に関する根本となる基本的な規則です。「目的」の条項ではその法人が行なう事業の内容を定めます。

＜例＞
・ファイナンシャル・プランニング業務
・生命保険の募集に関する業務
・損害保険代理店業務
・金融商品仲介業務
・資産運用・管理に関するコンサルティング業務
・住宅ローン等の相談及び取次業務
・不動産の売買、賃貸、仲介及び管理業務　　※宅建業を行なう場合は必要
・講演会、セミナー、研修会等の企画及び運営に関する業務

・書籍、出版物の企画、編集、執筆に関する業務
・インターネットを利用した各種情報提供サービス
・前各号に附帯または関連する一切の業務

○屋号、商号（会社名）についての注意

　平成18年の会社法改正で、法人登記の類似商号の規制は廃止されました。現在は、住所が違えばまったく同じ会社名、同じ業務分野であっても登記はできます。しかし、ＦＰ及び関連業種で同一もしくは類似の会社名や屋号で先に営業している人がいた場合、先方が気付いて名称の変更を求められる可能性があります。

　特に、ＦＰ事業の場合、「ＦＰ」、「ファイナンシャル」、「マネー」、「ライフ」、「コンサルティング」などよく使用される単語があり、似たような印象の名称になりやすい傾向があります。いったん法人登記を行なったり、ホームページを開設したりした後で変更することになると、時間も費用もかかります。事前に十分調査しておきましょう。

参考資料2

ファイナンシャル・プランニング顧問契約書（例）

<u>＜顧客名＞</u>（以下「甲」と言う）と　<u>＜FP事務所／会社名＞</u>（以下乙という）とは、甲に対するファイナンシャル・プランニングサービスを乙が行うことに対し、次のように契約を締結する。

（ファイナンシャル・プランニングの目的）
第1条

　乙は甲が希望する今後のライフプランにのっとり、そのライフプランを達成するためのプランニングおよびコンサルテーションを甲に提供する。

（ファイナンシャル・プランニングの内容）
第2条

　乙が提供するプランニングおよびコンサルテーションは、資金運用、保険設計、不動産活用、相続設計などのいわゆるファイナンシャル・プランニングの分野、およびそれに関連する分野に限られる。

（秘密保持）
第3条

　乙はこの契約に関連して知り得た甲の資産状況およびその他の事情については、決して他に漏らしてはならない。

（報酬）
第4条

　甲は乙のサービスに対し報酬を支払う。
　報酬は<u>年額　　　　　　　</u>円（<u>消費税別</u>）とし、契約時に前払いとする。

（契約期間）
第5条

　契約の期間は1年とする。但し、双方解約の意思を示さない場合は、もう1年継続し、その後も同様とする。

（解約）
第6条

甲および乙は契約の解約を望む場合、その意思を相手側に伝える。解約はその意思を双方が確認した1ヵ月後に成立するものとする。解約の成立後、乙は速やかに未消化月となった報酬額分を、未消化月数×＿＿＿＿＿円の計算で甲に返還する。

（契約外事項の協議）
第7条

本契約に定めのない事項が生じたとき、または本契約に定めた事項に関して疑義が生じたときは、甲乙誠意を持って協議し、解決を図るものとする。

この契約の証として、この証書を2通作成し、甲乙記名捺印のうえ、各自その1通を保有する。

令和　　年　　月　　日

甲　　　住所　　＜顧客住所＞

氏名　　＜顧客氏名＞

乙　　　住所　　＜FP事務所／会社 住所＞

氏名　　＜FP事務所／会社名＞
代表者　氏名

参考資料３
【ＦＰに役立つ情報サイト】

〈ライフプラン全般〉

日本FP協会　　　　　　　　　　　　　　https://www.jafp.or.jp/
知るぽると（金融広報中央委員会）　　　　https://www.shiruporuto.jp/
公益財団法人生命保険文化センター　　　　https://www.jili.or.jp/

〈年金〉

日本年金機構　　　　　　　　　　　　　　https://www.nenkin.go.jp/
年金積立金管理運用独立行政法人（GPIF）　https://www.gpif.go.jp/
国民年金基金連合会　　　　　　　　　　　https://www.npfa.or.jp/
iDeCo公式サイト　　　　　　　　　　　　https://www.ideco-koushiki.jp/

〈社会保険〉

国民健康保険中央会　　　　　　　　　　　https://www.kokuho.or.jp/
全国健康保険協会（協会けんぽ）　　　　　https://www.kyoukaikenpo.or.jp/
ハローワークインターネットサービス（雇用保険）　https://www.hellowork.mhlw.go.jp/

〈金融・経済〉

金融庁　　　　　　　　　　　　　　　　　https://www.fsa.go.jp/
日本銀行　　　　　　　　　　　　　　　　https://www.boj.or.jp/
国際通貨基金（IMF）　　　　　　　　　　https://www.imf.org/external/japanese/
モーニングスター㈱　　　　　　　　　　　https://www.morningstar.co.jp/
日本取引所グループ（JPX）　　　　　　　 https://www.jpx.co.jp

〈税務〉

国税庁　　　　　　　　　　　　　　　　　https://www.nta.go.jp/

〈住宅〉

住宅金融支援機構　　　　　　　　　　　　https://www.jhf.go.jp/
移住・住みかえ支援機構（JTI）　　　　　　https://www.jt-i.jp/
路線価図・評価倍率表（国税庁）　　　　　https://www.rosenka.nta.go.jp/
ハザードマップ ポータルサイト（国土交通省）　https://disaportal.gsi.go.jp/

〈奨学金〉

日本学生支援機構（JASSO）　　　　　　　https://www.jasso.go.jp/

〈法律〉
法テラス（日本司法支援センター）　　　　https://www.houterasu.or.jp/
国民生活センター　　　　　　　　　　　　http://www.kokusen.go.jp/

〈FP 検索サイト〉
CFP® 認定者検索システム（日本 FP 協会）　https://www.jafp.or.jp/confer/search/cfp/
マイアドバイザー　　　　　　　　　　　　http://www.my-adviser.jp/
FP サーチ　　　　　　　　　　　　　　　https://fpsearch.net/
FP.com　　　　　　　　　　　　　　　　 https://fpcom.co.jp/
マイベストプロ　　　　　　　　　　　　　https://mbp-japan.com/
オールアバウト　マネー　　　　　　　　　https://allabout.co.jp/r_finance/

〈その他〉
生命保険協会　　　　　　　　　　　　　　https://www.seiho.or.jp/
日本損害保険協会　　　　　　　　　　　　https://www.sonpo.or.jp/
投資信託協会　　　　　　　　　　　　　　https://www.toushin.or.jp/
日本証券業協会　　　　　　　　　　　　　http://www.jsda.or.jp/
全国宅地建物取引業協会連合会　　　　　　https://www.zentaku.or.jp/
全日本不動産協会　　　　　　　　　　　　http://www.zennichi.or.jp/
官公庁サイト一覧（政府広報オンライン）　 https://www.gov-online.go.jp/topics/link/

あとがき

　ファイナンシャル・プランニングは非常に幅広い分野を含む概念であることから、金融、保険、証券、不動産、税務など多くの業種に携わる人が資格を取得し、その業務に活用しています。様々な業界の中に、ファイナンシャル・プランニングの考え方はかなり浸透してきたと思います。

　しかし、一般の人に「ファイナンシャル・プランナー（FP）は具体的に何をしてくれる人か」と尋ねると、保険の販売、住宅ローンのアドバイス、投資のアドバイス、節税、家計改善の指導など答えは様々です。FPの業務に関してはいまだに定義が曖昧で、FPを対象とする業法も存在しません。独立FPと称する人たちもなんとなく増えてきましたが、仕事のやり方は人それぞれです。

　一方、少子高齢化社会の進展や新型コロナウィルスのパンデミックなどで、FPへのニーズは高まっています。FPがこれから社会のニーズにしっかりと応えていくためには、FPの定義を明確にし、同じ理想形を目指すFP同士がネットワークをつくりFP業務を行ないやすい環境を整えていくことが必要だと考えています。

　JCPFPでは、FPの業務はファイナンシャル・プランニングであり、ファイナンシャル・プランニングを顧客に提供しその対価として報酬を得るのが独立FPであると定義しています。これは、1980年代の初めに、アメリカからファイナンシャル・プランニングという概念を持ってきた井畑敏氏の考え方に基づいています。

　JCPFPはいま、顧客にファイナンシャル・プランニングを提供して相談にのることができる独立FPを養成することが急務であると考えています。そのための初めの一歩がこの書籍です。本書を通じて、ファイナンシャル・プランニングの本質を理解していただき、FPの職業としての魅力、将来性をお伝えしようと思いました。

　本書の出版が実現できたのは、JCPFPの創立者の一人であり、顧問である田中和男氏の尽力によるものです。田中氏は1987年に日本ファイナンシャル・プランナーズ協会が任意団体として設立された時から事務局長を務

め、NPO 法人化された後は常務理事として AFP、CFP® の資格制度の整備や現在の技能検定制度の創設など、日本の FP 資格制度の確立に大きく貢献してきました。

　本書を読まれた方、独立を願っている方、まずは当 NPO 法人をお尋ねください。私が皆様とお会いして、支援策を可能な限り検討させていただきます。

2020 年 8 月

JCPFP 代表理事　井上 昇

本書出版にあたっての推薦のことば

　FPの街、埼玉県新都心にて独立FP団体「FPサロンさいたま新都心」は、埼玉県技能士会連合会の会員として埼玉県民の皆様を中心に相談をお受けしています。

　本書の出版にあたり、埼玉県技能士会連合会会長から推薦の言葉をいただきましたので、ここに掲載いたします。

　本技能士会連合会の会員である「FPサロンさいたま新都心」は、2011年の設立以来、FP技能士のスキル向上と実践の機会を提供するとともに、さいたま市や戸田市を中心に埼玉県民の生活改善のため、セミナーや各種イベントをはじめ生涯設計のコンサル業務を推進してきました。

　今般、発行します『FPのための失敗しない独立開業プラン』は、そうした活動を背景に独立系FPのビジネス手法を紹介し、これから開業を目指すFP技能士の手引書として類を見ない内容となっています。高いレベルの技能をもつFP技能士が多く育つということは、埼玉県民にとってはもちろん、埼玉県技能士会連合会にとってもうれしいことであり、是非とも本書をお読みいただきたく推薦させていただきます。

一般社団法人　埼玉県技能士会連合会
会長　　立川　修子

＜特定非営利活動法人 JCPFP ＞

ＮＰＯ法人ＪＣＰＦＰは、ファイナンシャル・プランニングの役割と重要性を広く啓蒙し、ファイナンシャル・プランニングを通じて日本国民の安心かつ充実した人生の実現に貢献することを目的としています。その目的の達成に向けて、独立ファイナンシャル・プランナー（ＦＰ）を養成・支援し、信頼できるＦＰを増やすとともに、ＦＰが仕事をしやすい環境の整備に努めています。

　　2005 年 9 月　　特定非営利活動法人日本ＦＰ普及協議会として設立。
　　2017 年 4 月　　特定非営利活動法人ＪＣＰＦＰに名称変更。

本　部　〒 101-0054
　　　　東京都千代田区神田錦町３－２１
　　　　ちよだプラットフォームスクウェア 1081
事務局　〒 338-0001
　　　　さいたま市中央区上落合２－３－２
　　　　MIO 新都心５階
　　　　TEL ０４８－８５１－５３０１　　FAX ０４８－８５１－５２３１
　　　　e-mail　office@jcpfp.or.jp
ＵＲＬ　http://www.jcpfp.or.jp/
代表者　井上 昇

＜井上　昇 （いのうえ・のぼる）＞

ＣＦＰ ®　１級ファイナンシャル・プランニング技能士
ＮＰＯ法人ＪＣＰＦＰ代表理事
株式会社ＶＬＩＰ 代表取締役
1952 年、北海道小樽市生まれ。
1976 年、横浜国立大学経済学部卒業。
2002 年、国内大手銀行を経て、ファイナンシャル・プランナー（FP）として独立。

装丁 ·············· 佐々木正見
DTP制作 ····· REN
編集協力 ········ 田川えり子、田中はるか

ファイナンシャル・プランナー
ＦＰのための
失敗しない独立開業プラン
資格をビジネスに変える実践テクニック

発行日✤2020年8月31日　初版第1刷

編著者
特定非営利活動法人JCPFP

発行者
杉山尚次

発行所
株式会社言視舎
東京都千代田区富士見 2-2-2　〒102-0071
電話 03-3234-5997　ＦＡＸ 03-3234-5957
https://www.s-pn.jp/

印刷・製本
モリモト印刷（株）